4 漢字検定

ピタリ! 予想模試

JN025368

目次と得点記録表

◇コメントには弱点などを書き入れ，回を追うごとに力がつくようにしてください。

◇常用漢字表に対応しています。

予想模擬テスト 1

解答には、常用《じょうよう》漢字の旧《きゅう》字体や表外漢字および常用漢字音訓表以外の読みを使ってはいけない。

時間 60分
合格点 140/200
得点

(一)

次の――線の**読み**を**ひらがな**で記せ。 (30) 1×30

1 美術館で名画を鑑賞する。（　）
2 パソコンは一般に普及している。（　）
3 優勝戦の実況放送がある。（　）（　）
4 場内は禁煙となっています。（　）
5 三年間皆勤でとおした。（　）
6 薬剤を使って害虫を駆除する。（　）
7 警備員が構内を巡視している。（　）
8 今月の下旬には仕上げます。（　）
9 話の前後が矛盾している。（　）
10 勇気ある行動を称賛した。（　）
11 新聞の連載小説を読んでいる。（　）
12 豪勢な料理が運ばれた。（　）
13 勝利への執念を燃やしている。（　）

(二)

次の――線の**カタカナ**にあてはまる漢字をそれぞれの**ア～オ**から**一つ**選び、**記号**で答えよ。 (30) 2×15

1 暑さ寒さも**ヒ**岸までという。（　）
2 体に**ヒ**労がたまる。（　）
3 集中豪雨の**ヒ**害が出た。（　）
（ア 疲　イ 避　ウ 彼　エ 批　オ 被）

4 原料を外国に**イ**存している。（　）
5 現状の**イ**持に努める。（　）
6 不正な行**イ**だと注意された。（　）
（ア 遺　イ 為　ウ 維　エ 威　オ 依）

7 優勝記念の祝**ハイ**を上げる。（　）
8 優れた人材を**ハイ**出した。（　）
9 事件の**ハイ**景を探る。（　）
（ア 輩　イ 俳　ウ 杯　エ 背　オ 配）

10 各自が担当する**ハン**囲を決める。（　）
11 選挙の結果は今夜中に**ハン**明する。（　）

(四)

熟語の構成のしかたには次のようなものがある。 (20) 2×10

ア 同じような意味の漢字を重ねたもの　（**岩石**）
イ 反対または対応の意味を表す字を重ねたもの　（**高低**）
ウ 上の字が下の字を修飾しているもの　（**洋画**）
エ 下の字が上の字の目的語・補語になっているもの　（**着席**）
オ 上の字が下の字の意味を打ち消しているもの　（**非常**）

次の**熟語**は右の**ア～オ**のどれにあたるか、**一つ**選び、**記号**で答えよ。

1 鋭敏（　）
2 執筆（　）
3 帰途（　）
6 添加（　）
7 着脱（　）
8 握手（　）

14 不用の書類を焼却した。（　　）
15 カキの養殖場を見学した。（　　）
16 文字の誤りを指摘された。（　　）
17 誤りの箇所を発見した。（　　）
18 全員無事で目的地に到着した。（　　）
19 軽妙な筆致が特徴的だ。（　　）
20 絹の光沢の美しいドレスだ。（　　）
21 費用は幾らかかっても構わない。（　　）
22 水底まで透けて見える。（　　）
23 夏になると盆踊りがある。（　　）
24 主に民事を扱う弁護士だ。（　　）
25 住みなれた土地を立ち退く。（　　）
26 列車は五分遅れで発車した。（　　）
27 朝から霧雨が降っていた。（　　）
28 代金を払って店を出た。（　　）
29 旅先からお土産を発送した。（　　）
30 渡る世間に鬼はない（　　）

12 負傷者は病院にハン送された。（　　）
（ア範　イ判　ウ販　エ搬　オ般）

13 委員長の任にツいた。（　　）
14 無理な要求をツっぱねる。（　　）
15 前任者から仕事を引きツぐ。（　　）
（ア就　イ付　ウ着　エ継　オ突）

(三) 1〜5の三つの□に**共通する漢字**を入れて熟語を作れ。漢字は**ア〜コ**から**一つ**選び、**記号**で答えよ。 (10) 2×5

1 舞□・□破・□査（　　）
2 □縮・□淡・□霧（　　）
3 □息・感□・□願（　　）
4 回□・□難・退□（　　）
5 □密・木□・□菓子（　　）

ア 踊	イ 避	ウ 想	エ 踏	オ 恐
カ 嘆	キ 精	ク 濃	ケ 綿	コ 吐

4 違反（　　）
5 未婚（　　）
9 鉄塔（　　）
10 遅速（　　）

(五) 次の漢字の**部首**を**ア〜エ**から**一つ**選び、**記号に○**をせよ。 (10) 1×10

1 豪（ア 亠　イ 口　ウ 亠　エ 豕）
2 御（ア 止　イ 卩　ウ 彳　エ 缶）
3 腐（ア 寸　イ 肉　ウ 广　エ 亠）
4 威（ア 戈　イ 厂　ウ 女　エ 一）
5 脚（ア 土　イ 厶　ウ 月　エ 卩）
6 環（ア 王　イ 罒　ウ 口　エ 衣）
7 薄（ア 氵　イ 艹　ウ 寸　エ 丶）
8 我（ア 丿　イ 弋　ウ 戈　エ 十）
9 雄（ア 丿　イ 厶　ウ 隹　エ 亻）
10 敬（ア 艹　イ 勹　ウ 口　エ 攵）

(六)

後の□内のひらがなを漢字に直して□に入れ、**対義語**・**類義語**を作れ。□内のひらがなは一度だけ使い、( )に**一字記入**せよ。 (20) 2×10

対義語

1 軽率――慎□ ( )
2 緯度――□度 ( )
3 破壊――建□ ( )
4 順風――□風 ( )
5 故意――□失 ( )

類義語

6 方法――手□ ( )
7 脈絡――□道 ( )
8 前途――□来 ( )
9 近隣――□辺 ( )
10 黙認――□過 ( )

(八)

文中の**四字熟語**の――線の**カタカナ**を**漢字**に直せ。( )に**一字記入**せよ。 (20) 2×10

1 天候に恵まれて今年は**豊年マン作**だ。 ( )
2 **無理サン段**して費用を調える。 ( )
3 この世は**ショ行無常**といわれている。 ( )
4 規則はあるが**ユウ名無実**の状態だ。 ( )
5 学業より遊び優先とは**本末テン倒**だ。 ( )
6 **起死カイ生**のホームランだ。 ( )
7 師の教えを**金カ玉条**としている。 ( )
8 部下の**面従フク背**に激怒した。 ( )
9 職人は**不眠不キュウ**で働いた。 ( )
10 一方的な、**モン答無用**のやり方だ。 ( )

(十)

次の――線の**カタカナ**を**漢字**に直せ。 (40) 2×20

1 良心的で**ヒョウカ**の高い店だ。 ( )
2 心にしみるチェロの**エンソウ**だった。 ( )
3 体育の**フクソウ**で運動場に出た。 ( )
4 兄はアメリカに**リュウガク**している。 ( )
5 会談は**ゴクヒ**のうちに開かれた。 ( )
6 市場に夏野菜を**シュッカ**する。 ( )
7 店で**リョウシュウ**書をもらう。 ( )
8 人間関係が**フクザツ**なドラマだ。 ( )
9 夜道の一人歩きは**キケン**です。 ( )
10 試合前に**シセイ**を正して一礼する。 ( )

か・かん・ぎゃく・けい
しゅう・しょう・すじ・せつ
だん・ちょう

(七) 次の――線の**カタカナ**を**漢字一字**と**送りがな（ひらがな）**に直せ。 (10) 2×5

〈例〉 窓を**アケル**。（開ける）

1 調理師を**ココロザシ**ている。（　　）
2 頼みを**ココロヨク**引き受けてくれた。（　　）
3 会って本人の意向を**タシカメル**。（　　）
4 川の水は**ツメタ**かった。（　　）
5 事は**キワメ**て重大である。（　　）

(九) 次の各文にまちがって使われている**同じ読みの漢字**が**一字**ある。**上に誤字**を、**下に正しい漢字**を記せ。 (10) 2×5

1 二十世紀後半には月への有人探査という宇宙介発の偉業があった。（　　）（　　）
2 古代遺跡の至宝展は人類共通の遺産としての重要性を知る絶更の機会だ。（　　）（　　）
3 諸外国を旅行して見分を広めることは豊かな人間形成に役立つ。（　　）（　　）
4 高原の遊舗道は新緑に包まれ、湖面は端麗な富士の姿を投影していた。（　　）（　　）
5 鋭い気合いとともに慢身の力を込めてバーベルを頭上高く持ち上げた。（　　）（　　）

11 君の気持ちが**ス**むようにしてください。（　　）
12 宿題を提出するのを**ワス**れていた。（　　）
13 荒れ地を**タガヤ**して畑にした。（　　）
14 またとないチャンスが**オトズ**れた。（　　）
15 新米を**ソナ**えて豊作を祈願する。（　　）
16 他人の**ソラニ**ということもある。（　　）
17 包丁を**ト**いで料理にかかる。（　　）
18 雪の下から草の**メ**が出ていた。（　　）
19 よく説明して不安を取り**ノゾ**く。（　　）
20 たくましい**ワコウド**の祭典だ。（　　）

予想模擬テスト②

解答には、常用《じょうよう》漢字の旧《きゅう》字体や表外漢字および常用漢字音訓表以外の読みを使ってはいけない。

時間 60分　合格点 140/200　得点

(一) 次の――線の**読み**を**ひらがな**で記せ。 (30) 1×30

1 魚つりで余暇を楽しむ。（　）
2 恒例の運動会をもよおす。（　）
3 恩師に講演を依頼する。（　）
4 記者としての敏腕を振るった。（　）
5 率直な意見を出し合う。（　）
6 今までの経緯を説明する。（　）
7 味方の勝利に歓声をあげる。（　）
8 新分野の開拓に努めている。（　）
9 会場に展示品を搬入する。（　）
10 開演中の私語は迷惑だ。（　）
11 広報活動の範囲を広める。（　）
12 実現性に欠ける机上の空論だ。（　）
13 熱戦の末、王座を獲得した。（　）
14 グランプリ受賞の栄誉に輝く。（　）

(二) 次の――線の**カタカナ**にあてはまる漢字をそれぞれの**ア〜オ**から**一つ**選び、**記号**で答えよ。 (30) 2×15

1 ダイヤモンドが光**キ**を放つ。（　）
2 またとない好**キ**が到来した。（　）
3 神前に必勝を**キ**願する。（　）
（ア 輝　イ 祈　ウ 機　エ 希　オ 気）

4 何も出来ずに**ボウ**観する。（　）
5 集会の**ボウ**頭にあいさつをした。（　）
6 犯人は国外に逃**ボウ**した。（　）
（ア 帽　イ 坊　ウ 亡　エ 冒　オ 傍）

7 水生植物の**カン**察をしている。（　）
8 統計年**カン**で調べている。（　）
9 店内に**カン**視カメラを設置する。（　）
（ア 監　イ 観　ウ 鑑　エ 勧　オ 歓）

(四) **熟語の構成**のしかたには次のようなものがある。 (20) 2×10

ア 同じような意味の漢字を重ねたもの　（**岩石**）
イ 反対または対応の意味を表す字を重ねたもの　（**高低**）
ウ 上の字が下の字を修飾しているもの　（**洋画**）
エ 下の字が上の字の目的語・補語になっているもの　（**着席**）
オ 上の字が下の字の意味を打ち消しているもの　（**非常**）

次の**熟語**は右の**ア〜オ**のどれにあたるか、**一つ**選び、**記号**で答えよ。

1 即決（　）
2 授受（　）
3 不測（　）
6 狭義（　）
7 求職（　）
8 非行（　）

15 話の内容が事実と相違する。（　　）
16 二人は固い握手を交わした。（　　）
17 自然環境の保護に取り組む。（　　）
18 画像が鮮明な新型のテレビだ。（　　）
19 インド舞踊を習っている。（　　）
20 優れた記憶力の持ち主だ。（　　）
21 谷の清流に足を浸す。（　　）
22 風雨を冒して登頂した。（　　）
23 師の教えに背くことはない。（　　）
24 急な申し出で少々戸惑った。（　　）
25 泣く子も黙る鬼の面。（　　）
26 満月が雲に隠れた。（　　）
27 おいしい里芋をいただいた。（　　）
28 うるさいので煙たがられる。（　　）
29 少し後れて付いて行った。（　　）
30 乗り心地のよい車です。（　　）

10 時代の先タンをいく技術だ。（　　）
11 今日は私のタン生日です。（　　）
12 コイやフナはタン水魚です。（　　）
（ア 短　イ 嘆　ウ 淡　エ 誕　オ 端）

13 合唱団の指揮をトる。（　　）
14 周囲の目は気にトめない。（　　）
15 海辺のホテルに一晩トまる。（　　）
（ア 留　イ 泊　ウ 採　エ 執　オ 捕）

(三) 1～5の三つの□に**共通する漢字**を入れて熟語を作れ。漢字は**ア～コ**から**一つ**選び、**記号**で答えよ。　(10) 2×5

1 無□・作□・□替（　　）
2 □重・□味・□客（　　）
3 □抜・□妙・□声（　　）
4 □久・□火・□震（　　）
5 □出・□発・指□（　　）

ア 恒	イ 珍	ウ 耐	エ 突	オ 選
カ 為	キ 慎	ク 縁	ケ 摘	コ 奇

4 捕球（　　）
5 挙手（　　）
9 援助（　　）
10 尽力（　　）

(五) 次の漢字の**部首**を**ア～エ**から**一つ**選び、**記号に〇**をせよ。　(10) 1×10

1 戒（ア 一　イ 廾　ウ 戈　エ 弋）
2 雌（ア 止　イ ヒ　ウ 比　エ 隹）
3 壱（ア 士　イ 一　ウ 冖　エ ヒ）
4 暮（ア 艹　イ 日　ウ 八　エ 一）
5 触（ア 虫　イ 口　ウ 月　エ 角）
6 尋（ア 十　イ 寸　ウ 工　エ 口）
7 軒（ア 車　イ 二　ウ 日　エ 干）
8 参（ア ム　イ 彡　ウ 大　エ 人）
9 罰（ア 刂　イ 言　ウ 罒　エ 口）
10 却（ア 卩　イ 十　ウ 土　エ ム）

(六)

後の□内のひらがなを漢字に直して□に入れ、対義語・類義語を作れ。□内のひらがなは一度だけ使い、（　）に一字記入せよ。 (20) 2×10

対義語

1 病弱――強□ （　）

2 延長――短□ （　）

3 盛夏――□冬 （　）

4 利益――□失 （　）

5 追撃――□却 （　）

類義語

6 沈着――□静 （　）

7 地味――質□ （　）

8 長者――□豪 （　）

9 高齢――□年 （　）

10 明朗――□活 （　）

(八)

文中の四字熟語の――線のカタカナを漢字に直せ。（　）に一字記入せよ。 (20) 2×10

1 温コ知新の心構えで学にはげむ。（　）

2 一コク千金の春の夜だ。（　）

3 意志堅ゴにして最後までやり抜く。（　）

4 奇ソウ天外なアイデアだ。（　）

5 意味シン長な笑みを浮かべている。（　）

6 落選して意気ショウ沈している。（　）

7 一刀リョウ断に切り捨てた。（　）

8 キ機一髪のところで逃れた。（　）

9 市場の門戸開ホウが実現した。（　）

10 社長は独断セン行で事を決めた。（　）

(十)

次の――線のカタカナを漢字に直せ。 (40) 2×20

1 かなりのジュクレンを要する仕事だ。（　）

2 休日でゲキジョウは満席だ。（　）

3 タンジュンな仕組みですぐ分かる。（　）

4 先輩からキチョウな意見をもらった。（　）

5 暴風雨ケイホウが出ている。（　）

6 痛烈なヒハンが出ている。（　）

7 駅前広場をカクチョウする。（　）

8 事故の状況をカンケツに説明した。（　）

9 一軒一軒ホウモンして調査する。（　）

10 会場に新型車をテンジする。（　）

かい・けん・げん・しゅく
そ・そん・たい・ふ
れい・ろう

(七) 次の――線の**カタカナ**を**漢字一字**と**送りがな(ひらがな)**に直せ。 (10) 2×5

〈例〉 窓を**アケル**。(開ける)

1 **アタタカイ**お茶をいただいた。( )

2 あやまちはすぐに**アラタメル**。( )

3 足取りも**カロヤカニ**出かけた。( )

4 現状に**アマンジル**。( )

5 キツネは人を**バカス**という。( )

(九) 次の各文にまちがって使われている**同じ読みの漢字**が**一字**ある。**上に誤字**を、**下に正しい漢字**を記せ。 (10) 2×5

1 安全性を確認するために工場の操業を休止して製造ラインの総添検を行った。( )( )

2 各国が連体して地球温暖化防止に取り組む会議が開かれている。( )( )

3 海外旅行中の知人からお土産の宅配便が届いたので早速包みを溶いた。( )( )

4 古い民家が残る町並みが重要伝統的建造群保存地区に旨定された。( )( )

5 多様な宣伝活動を展開した効果があって売り上げは各段の進歩があった。( )( )

11 海辺の砂浜を**スアシ**で歩く。( )

12 朝の空気を胸一杯に**ス**いこむ。( )

13 的を**イ**た質問にたじろいだ。( )

14 援助の手を差し**ノ**べる。( )

15 世界平和を**キズ**き上げる。( )

16 山の**イタダキ**に初雪が降った。( )

17 案内状を百枚**ス**った。( )

18 お金を銀行に**アズ**けている。( )

19 明日の天気が**アヤ**ぶまれる。( )

20 全員から推されて会長に**ツ**いた。( )

予想模擬テスト ③

解答には、常用《じょうよう》漢字の旧《きゅう》字体や表外漢字および常用漢字音訓表以外の読みを使ってはいけない。

時間 60分　合格点 140/200　得点

(一)

次の——線の**読み**を**ひらがな**で記せ。(30) 1×30

1 めざましい躍進をとげた。（　）
2 今大会屈指の左腕投手だ。（　）
3 被災者の援護にあたる。（　）
4 会合の趣旨説明があった。（　）
5 弟を友人に紹介する。（　）
6 健康の維持につとめる。（　）
7 アルプスの雄大な山々を見上げる。（　）
8 身辺は多忙を極めている。（　）
9 絶妙なコントロールに驚く。（　）
10 川原に雑草が繁茂している。（　）
11 弟の養子縁組がととのった。（　）
12 新しい技術を駆使する。（　）
13 小説を戯曲にして上演する。（　）
14 古代遺跡の発掘に加わる。（　）

(二)

次の——線の**カタカナ**にあてはまる**漢字**をそれぞれの**ア～オ**から**一つ**選び、**記号**で答えよ。(30) 2×15

1 世界の**コウ**久平和を願う。（　）
2 激しい抵**コウ**にあった。（　）
3 予定を変**コウ**してください。（　）
(ア 抗　イ 後　ウ 更　エ 功　オ 恒)

4 濃度の高い水**ヨウ**液を作る。（　）
5 成育に必要な栄**ヨウ**を取る。（　）
6 別の**ヨウ**器に入れ替える。（　）
(ア 溶　イ 容　ウ 養　エ 様　オ 要)

7 水不足で**コ**死寸前の状態だ。（　）
8 **コ**大な表現の宣伝だ。（　）
9 かねや太**コ**で応援する。（　）
(ア 故　イ 誇　ウ 庫　エ 鼓　オ 枯)

10 広い部屋を独**セン**している。（　）
11 **セン**度の高い魚介を仕入れる。（　）

(四)

熟語の構成のしかたには次のようなものがある。(20) 2×10

ア 同じような意味の漢字を重ねたもの　(**岩石**)
イ 反対または対応の意味を表す字を重ねたもの　(**高低**)
ウ 上の字が下の字を修飾しているもの　(**洋画**)
エ 下の字が上の字の目的語・補語になっているもの　(**着席**)
オ 上の字が下の字の意味を打ち消しているもの　(**非常**)

次の**熟語**は右の**ア～オ**のどれにあたるか、**一つ**選び、**記号**で答えよ。

1 興亡（　）
2 珍奇（　）
3 層雲（　）
6 追跡（　）
7 詳細（　）
8 有無（　）

15 伝統芸能を継承する。（　　）

16 夏の日ざしは紫外線が強い。（　　）

17 ひときわ異彩を放つ。（　　）

18 大木が倒れて腐食している。（　　）

19 クジラを捕獲して調査する。（　　）

20 秋の彼岸にお墓参りをした。（　　）

21 やっと肩の荷が下りた。（　　）

22 出発の時刻が迫っている。（　　）

23 全国の平均値よりも劣る。（　　）

24 式典は厳かに執り行われた。（　　）

25 手に汗を握る熱戦だ。（　　）

26 丘の上の住宅地に住んでいる。（　　）

27 涙が一粒ぽろりとこぼれた。（　　）

28 お茶を一服召し上がれ。（　　）

29 相手の矛先をうまくかわす。（　　）

30 仕事に差し支える。（　　）

12 古いセン風機を片付ける。（　　）
（ア扇　イ専　ウ占　エ鮮　オ洗）

13 かわいい子ネコをカっている。（　　）

14 牧草のカり取りも終わった。（　　）

15 子犬が庭をカけ回っている。（　　）
（ア刈　イ狩　ウ飼　エ借　オ駆）

(三) 1〜5の三つの□に**共通する漢字**を入れて熟語を作れ。漢字は**ア〜コ**から**一つ**選び、**記号**で答えよ。 (10) 2×5

1 未□・□着・周□（　　）

2 □惑・□走・混□（　　）

3 □難・□掘・□作（　　）

4 □気・□影・□性（　　）

5 漁□・金□・連絡□（　　）

ア至	イ狂	ウ迷	エ盗	オ陰
カ合	キ踏	ク到	ケ困	コ網

4 不慮（　　）

5 越冬（　　）

9 露天（　　）

10 凶器（　　）

(五) 次の漢字の**部首**を**ア〜エ**から**一つ**選び、**記号に○**をせよ。 (10) 1×10

1 束（ア一　イ十　ウ木　エ口）

2 壊（ア土　イ亠　ウ罒　エ衣）

3 療（ア大　イ日　ウ小　エ疒）

4 傾（ア匕　イ亻　ウ頁　エ八）

5 煮（ア土　イ耂　ウ日　エ灬）

6 寂（ア宀　イ又　ウ卜　エ小）

7 影（ア日　イ彡　ウ口　エ小）

8 圏（ア己　イ二　ウ囗　エ人）

9 憲（ア宀　イ罒　ウ心　エ王）

10 繁（ア攵　イ糸　ウ母　エ小）

(六) 後の□内のひらがなを漢字に直して□に入れ、**対義語・類義語**を作れ。□内のひらがなは一度だけ使い、( )に**一字記入**せよ。 (20) 2×10

対義語

1 前進―後□ ( )
2 終了―開□ ( )
3 決定―保□ ( )
4 生産―消□ ( )
5 定例―□時 ( )

類義語

6 至上―□高 ( )
7 土台―基□ ( )
8 釈明―□解 ( )
9 手柄―功□ ( )
10 敬遠―□避 ( )

(八) 文中の**四字熟語**の――線の**カタカナ**を**漢字**に直せ。( )に**一字記入**せよ。 (20) 2×10

1 心配はまたたく間に**雲サン霧消**した。 ( )
2 初体面の二人は**意気トウ合**した。 ( )
3 何事にも**一心不ラン**に取り組む。 ( )
4 それは**ガ田引水**の理屈だ。 ( )
5 **七テン八起**の強い意志でがんばる。 ( )
6 見通しは**五リ霧中**の状態だ。 ( )
7 独りよがりの**自画自サン**ばかりだ。 ( )
8 山深い**人セキ未踏**の秘境だ。 ( )
9 **悪ロゾウ言**にもじっと耐えている。 ( )
10 **私利私ヨク**におぼれて信用を失う。 ( )

(十) 次の――線の**カタカナ**を**漢字**に直せ。 (40) 2×20

1 やっと合格できて**ホンモウ**だ。 ( )
2 医学の研究に**センネン**している。 ( )
3 狭い道路を**ジョコウ**運転で進行する。 ( )
4 危険防止の**タイサク**を考える。 ( )
5 総会の案内に**オウフク**はがきを使う。 ( )
6 鉄道**ウンチン**の改定があった。 ( )
7 地図と**ジシャク**を頼りに山を歩く。 ( )
8 古代寺院の壁画を**モシャ**する。 ( )
9 対戦は詰めの**ダンカイ**にきた。 ( )
10 パソコンの**ソウサ**に習熟した。 ( )

かい・さい・し・せき
たい・ばん・ひ・べん
りゅう・りん

(七) 次の――線の**カタカナ**を**漢字一字**と**送りがな（ひらがな）**に直せ。 (10) 2×5

〈例〉 窓を**アケル**。（開ける）

1 結果は火を見るよりも**アキラカダ**。（　　）
2 **チラカシ**た部屋を片付ける。（　　）
3 今年は例年に**クラベテ**雪が多い。（　　）
4 **オサナイ**兄弟が遊んでいる。（　　）
5 目が**サメル**と熱は下がっていた。（　　）

(九) 次の各文にまちがって使われている**同じ読みの漢字**が**一字**ある。**上に誤字**を、**下に正しい漢字**を記せ。 (10) 2×5

1 増水で家屋の浸水が操定される地域や避難場所を記した防災地図を作る。（　　）（　　）
2 きそをしっかりと型めてコンクリートを流し込み安定した土台を築いた。（　　）（　　）
3 人には異なった価値感があるので一方的な考えを押しつけてはいけない。（　　）（　　）
4 司会者の機点のきいた話術がクイズなどの芸能番組を盛り上げていた。（　　）（　　）
5 話し合いは難考したが議長の修正案に異議を唱えるものはなかった。（　　）（　　）

11 時計の**ハリ**は十二時を指していた。（　　）
12 急に**ハゲ**しく降りだした。（　　）
13 確かな事実に**モト**づいた話だ。（　　）
14 ネコの**ヒタイ**ほどの土地だ。（　　）
15 レンジでスープを**アタタ**める。（　　）
16 驚いて馬が**アバ**れだした。（　　）
17 勇気を**フル**って発言した。（　　）
18 暗がりの中を手**サグ**りで歩く。（　　）
19 足取りも**カロ**やかに付いてきた。（　　）
20 家から**モヨ**りの駅までは五分です。（　　）

予想模擬テスト ④

解答には、常用《じょうよう》漢字の旧《きゅう》字体や表外漢字および常用漢字音訓表以外の読みを使ってはいけない。

時間 60分
合格点 140/200
得点

(一) 次の——線の読みをひらがなで記せ。 (30) 1×30

1 地場産業の振興をはかる。（　）
2 利益を独占してはいけない。（　）
3 積み荷を満載したトラック。（　）
4 大きな反響を呼ぶ。（　）
5 臨時大使として派遣する。（　）
6 壱万円札でおつりをもらう。（　）
7 最新のロボットに驚嘆した。（　）
8 ついに山頂を征服した。（　）
9 注釈を欄外に入れる。（　）
10 選手の交替が告げられた。（　）
11 行動は慎重にしてください。（　）
12 人権意識は一般に浸透している。（　）
13 当初の予定に変更を加える。（　）
14 山腹の急な斜面を登る。（　）
15 風景描写の優れた絵だ。（　）

(二) 次の——線のカタカナにあてはまる漢字をそれぞれのア～オから一つ選び、記号で答えよ。 (30) 2×15

1 友人を弟にショウ介する。（　）
2 在庫を発売元にショウ会する。（　）
3 夕食にショウ待された。（　）
（ア 召　イ 紹　ウ 招　エ 昭　オ 照）

4 シュウオの誉れが高い。（　）
5 国税は国庫にシュウ納される。（　）
6 古い習慣を踏シュウする。（　）
（ア 習　イ 襲　ウ 衆　エ 秀　オ 収）

7 災害地への救エン活動が始まる。（　）
8 赤エン筆でマークをつける。（　）
9 素晴らしいエン技に感嘆した。（　）
（ア 縁　イ 演　ウ 援　エ 鉛　オ 園）

(四) 熟語の構成のしかたには次のようなものがある。 (20) 2×10

ア 同じような意味の漢字を重ねたもの（岩石）
イ 反対または対応の意味を表す字を重ねたもの（高低）
ウ 上の字が下の字を修飾しているもの（洋画）
エ 下の字が上の字の目的語・補語になっているもの（着席）
オ 上の字が下の字の意味を打ち消しているもの（非常）

次の熟語は右のア～オのどれにあたるか、一つ選び、記号で答えよ。

1 投球（　）
2 需給（　）
3 猛攻（　）
6 増殖（　）
7 互助（　）
8 詳報（　）

16 事の詳細は後で報告します。（　）
17 大雨で濁流がうずを巻く。（　）
18 専門家に書画の鑑定を頼む。（　）
19 古都の史跡を訪ねる旅だ。（　）
20 耳鼻科の医者に通っている。（　）
21 今を盛りと咲いている。（　）
22 もの静かで慎み深い人だ。（　）
23 郷土の誇りとしてたたえる。（　）
24 寂しい夜の山道を帰った。（　）
25 額から汗がしたたり落ちる。（　）
26 澄み渡った秋の青空だ。（　）
27 はかなく草葉の露と消えた。（　）
28 パリでオーケストラの指揮を執る。（　）
29 庭で芝生の手入れをする。（　）
30 今日は一日よい日和でした。（　）

10 音楽の才能がフ与されている。（　）
11 新しい計画がフ上してきた。（　）
12 トタン屋根がフ食してきた。（　）
（ア浮　イ普　ウ賦　エ怖　オ腐）

13 めでたく結婚式をアげた。（　）
14 九時には店をアけます。（　）
15 この席はアいています。（　）
（ア上　イ空　ウ開　エ挙　オ明）

（三） 1〜5の三つの□に**共通する漢字**を入れて熟語を作れ。漢字は**ア〜コ**から**一つ**選び、**記号**で答えよ。 (10) 2×5

1 波□・指□・□章（　）
2 □発・接□・□角（　）
3 感□・落□・□声（　）
4 □常・□端・特□（　）
5 □動・不□・□幅（　）

ア 恒	イ 涙	ウ 振	エ 紋	オ 変
カ 及	キ 激	ク 触	ケ 異	コ 摘

4 繁栄（　）
5 拍手（　）
9 贈答（　）
10 未完（　）

（五） 次の漢字の**部首**を**ア〜エ**から**一つ**選び、**記号に○**をせよ。 (10) 1×10

1 戯（ア 虍　イ ト　ウ 弋　エ 戈）
2 器（ア 一　イ 人　ウ 大　エ 口）
3 翼（ア 羽　イ 田　ウ 二　エ 八）
4 疑（ア 匕　イ 矢　ウ 人　エ 疋）
5 搬（ア 扌　イ 舟　ウ 般　エ 殳）
6 敷（ア 十　イ 日　ウ 方　エ 攵）
7 承（ア 亅　イ 水　ウ 子　エ 手）
8 暦（ア 厂　イ 日　ウ 木　エ 十）
9 壊（ア 衣　イ 土　ウ 十　エ 罒）
10 執（ア 土　イ ノ　ウ 乙　エ 丶）

(六) 後の□内のひらがなを**漢字**に直して□に入れ、**対義語・類義語**を作れ。□内のひらがなは一度だけ使い、( )に**一字記入**せよ。 (20) 2×10

対義語

1 脱退―加□
2 分離―□合
3 興奮―冷□
4 抵抗―屈□
5 増加―□少

類義語

6 対等―互□
7 完治―全□
8 追加―□足
9 気絶―失□
10 反撃―□襲

(八) 文中の**四字熟語**の――線の**カタカナ**を**漢字**に直せ。( )に**一字記入**せよ。 (20) 2×10

1 何事も**用意シュウ到**に準備しておく。
2 **ジュウ横無尽**の大活躍で勝利した。
3 **生存競ソウ**の激しい業界だ。
4 両国は**一触即ハツ**の状況にある。
5 魚を**一モウ打尽**に捕まえた。
6 当面は**現ジョウ維持**を良しとする。
7 道路工事を**チュウ夜兼行**で行う。
8 **完全無ケツ**のヒーローが主役だ。
9 王朝は**キ急存亡**のときを迎えた。
10 **三寒四オン**で春の訪れも近い。

(十) 次の――線の**カタカナ**を**漢字**に直せ。 (40) 2×20

1 特別手当てが**シキュウ**された。
2 長期的な**シヤ**に立って考える。
3 久し振りに**キョウリ**の土を踏んだ。
4 二つの**リョウイキ**にまたがる研究だ。
5 書留を出しに**ユウビン**局へいく。
6 無理な要求は**ダンコ**としてことわる。
7 芸道一筋の**ショウジン**をしている。
8 人工衛星が**ウチュウ**に旅立つ。
9 意志の堅さは**コウテツ**に等しい。
10 **チョサク**権は保護される。

かい・かく・ぎゃく・げん じゅう・しん・せい・とう ほ・めい

（七） 次の——線の**カタカナ**を**漢字一字**と**送りがな（ひらがな）**に直せ。 （10）2×5

〈例〉 窓を**アケル**。（開ける）

1 特売場に客が**ムラガル**。（　）
2 極めて**ノゾマシイ**結果が出た。（　）
3 得意そうに胸を**ソラス**。（　）
4 当社の**モットモ**優秀な技術者だ。（　）
5 弟子に秘伝を**サズケル**。（　）

（九） 次の各文にまちがって使われている**同じ読みの漢字**が**一字**ある。**上に誤字**を、**下に正しい漢字**を記せ。 （10）2×5

1 現在進行中の遺跡発掘調査では、考古学上の画起的な発見が予想される。（　）（　）
2 選挙の開票即報で出される得票予想の手法についての説明を受けた。（　）（　）
3 高速道路沿線の住民に対する騒音対策としての傍音壁が設置された。（　）（　）
4 性格が優柔不段なので、考えることが堂々巡りで取り越し苦労が多い。（　）（　）
5 動物園の放し買いのコーナーでは幼児たちが実際にウサギなどを抱ける。（　）（　）

11 旅先からの便りが**トド**いた。（　）
12 厳しい寒さが**ホネミ**にしみる。（　）
13 夕日が西空を赤く**ソ**める。（　）
14 十パーセントの**ネビ**きで買った。（　）
15 長い一日もようやく**ク**れた。（　）
16 火に油を**ソソ**ぐ結果となった。（　）
17 本当かどうかを**タメ**してみた。（　）
18 得意先に品物を**オサ**める。（　）
19 母の**ヤサ**しい一言に心がなごんだ。（　）
20 さわやかな**サツキ**晴れの青空だ。（　）

予想模擬テスト 5

解答には、常用《じょうよう》漢字の旧《きゅう》字体や表外漢字および常用漢字音訓表以外の読みを使ってはいけない。

時間 60分
合格点 140/200
得点

(一)

次の——線の**読み**を**ひらがな**で記せ。 (30) 1×30

1 人は自然の恩恵を受けている。（　　）
2 何事にも真剣に取り組む。（　　）
3 公正な立場を堅持する。（　　）
4 港にタンカーが停泊している。（　　）
5 空港で渡航の手続きをとる。（　　）
6 他の製品よりも耐久性に優れる。（　　）
7 抜群の演技力を発揮した。（　　）
8 虫歯の治療に専念する。（　　）
9 対局は序盤から荒れ模様だ。（　　）
10 毎朝六時に起床する。（　　）
11 強敵に背水の陣で臨む。（　　）
12 支払いは月賦でお願いする。（　　）
13 京都で薪能を見る。（　　）

(二)

次の——線の**カタカナ**にあてはまる漢字をそれぞれの**ア～オ**から**一つ**選び、**記号**で答えよ。 (30) 2×15

1 数年来の**ヒ**願をとうとう達成した。（　　）
2 **ヒ**告人の弁護をする。（　　）
3 責任の回**ヒ**は許されないだろう。（　　）
（ア 悲　イ 被　ウ 彼　エ 避　オ 秘）

4 低温倉庫で**ホ**管している。（　　）
5 横断**ホ**道で一時停止する。（　　）
6 道路の**ホ**装工事をしている。（　　）
（ア 舗　イ 補　ウ 保　エ 捕　オ 歩）

7 試合の実**キョウ**中継を見る。（　　）
8 懐かしい**キョウ**里の山河だ。（　　）
9 障害物**キョウ**走に出場した。（　　）
（ア 境　イ 郷　ウ 競　エ 況　オ 強）

10 工場は**ソウ**業を再開した。（　　）
11 洗った物を乾**ソウ**機に入れる。（　　）

(四)

熟語の構成のしかたには次のようなものがある。 (20) 2×10

ア 同じような意味の漢字を重ねたもの　（**岩石**）
イ 反対または対応の意味を表す字を重ねたもの　（**高低**）
ウ 上の字が下の字を修飾しているもの　（**洋画**）
エ 下の字が上の字の目的語・補語になっているもの　（**着席**）
オ 上の字が下の字の意味を打ち消しているもの　（**非常**）

次の**熟語**は右の**ア～オ**のどれにあたるか、**一つ**選び、**記号**で答えよ。

1 着陸（　　）
2 賞罰（　　）
3 遊戯（　　）
6 皮膚（　　）
7 雅俗（　　）
8 寸暇（　　）

14 姉は民謡教室に通っている。（　　）
15 係員は腕章をつけている。（　　）
16 相手はついに反撃に転じた。（　　）
17 親切な行為に感謝する。（　　）
18 年度末に会計の監査がある。（　　）
19 営業不振で店を閉鎖した。（　　）
20 必死の抵抗が功を奏した。（　　）
21 冬季は空気が乾いている。（　　）
22 久しぶりに話が弾んだ。（　　）
23 十分に意を尽くして話した。（　　）
24 台所で魚を煮ている。（　　）
25 母に誕生日のプレゼントを贈る。（　　）
26 結局のところ淡い期待で終わった。（　　）
27 天使のような翼がほしい。（　　）
28 水平線上に島影が見える。（　　）
29 水は方円の器に従う。（　　）
30 五月雨や大河を前に家二軒（　　）

12 工事現場のソウ音がうるさい。（　　）
（ア 奏　イ 争　ウ 騒　エ 燥　オ 操）

13 お金の心配はイらない。（　　）
14 的をねらって矢をイる。（　　）
15 森で子グマをイけ捕りにした。（　　）
（ア 要　イ 射　ウ 生　エ 入　オ 居）

（三）

1〜5の三つの□に**共通する漢字**を入れて熟語を作れ。漢字は**ア〜コ**から**一つ**選び、**記号**で答えよ。 (10) 2×5

1 □面・傾□・□陽（　　）
2 極□・支□・□胸（　　）
3 □動・□舞・□笛隊（　　）
4 □護・紹□・□入（　　）
5 失□・□力・即□（　　）

ア 脚	イ 端	ウ 度	エ 鼓	オ 額
カ 扇	キ 援	ク 斜	ケ 介	コ 効

4 未到（　　）
5 遠征（　　）
9 越境（　　）
10 吹奏（　　）

（五）

次の漢字の**部首**を**ア〜エ**から**一つ**選び、**記号に○**をせよ。 (10) 1×10

1 警（ア 艹　イ 勹　ウ 攵　エ 言）
2 耕（ア 二　イ 十　ウ 耒　エ 木）
3 幾（ア 人　イ 一　ウ 幺　エ 戈）
4 監（ア 臣　イ 皿　ウ 匚　エ 罒）
5 剣（ア 人　イ 一　ウ 刂　エ 口）
6 暴（ア 土　イ 八　ウ 水　エ 日）
7 段（ア 丿　イ 丨　ウ 又　エ 殳）
8 離（ア 隹　イ 亠　ウ 厶　エ 冂）
9 賃（ア 亻　イ 士　ウ 貝　エ 八）
10 隠（ア 爫　イ ノ　ウ 阝　エ 心）

(六) 後の□内のひらがなを漢字に直して□に入れ、対義語・類義語を作れ。□内のひらがなは一度だけ使い、(　)に一字記入せよ。

(20) 2×10

対義語

1 許可――□止 (　)

2 野生――□育 (　)

3 近隣――□方 (　)

4 繁雑――□略 (　)

5 期待――□望 (　)

類義語

6 筋道――□絡 (　)

7 用心――□戒 (　)

8 重荷――□担 (　)

9 備蓄――□蔵 (　)

10 領域――範□ (　)

(八) 文中の四字熟語の――線のカタカナを漢字に直せ。(　)に一字記入せよ。

(20) 2×10

1 一石二チョウの名案を思いついた。 (　)

2 各派が離合集サンを繰り返している。 (　)

3 驚天ドウ地の大事件が起こった。 (　)

4 古都は山紫水メイの地である。 (　)

5 人事方針は信ショウ必罰でいく。 (　)

6 名案は沈思黙コウの末に生まれた。 (　)

7 とりあえず応急ショ置をほどこす。 (　)

8 だれもがイ口同音に訴えた。 (　)

9 七ナン八苦の末に幸運をつかんだ。 (　)

10 ズ寒足熱は健康に良い。 (　)

(十) 次の――線のカタカナを漢字に直せ。

(40) 2×20

1 人権をソンチョウする気風を高める。 (　)

2 各地の情報をシュウシュウする。 (　)

3 お正月は神社にサンパイする。 (　)

4 委員長にシュウニンした。 (　)

5 全国平均を判断のキジュンとする。 (　)

6 全員で熱心なトウギをした。 (　)

7 物事にこだわらないショウブンだ。 (　)

8 自らボケツを掘る結果となった。 (　)

9 水分がジョウハツしてしまった。 (　)

10 調査はメンミツに行われた。 (　)

い・えん・かん・きん
けい・し・しつ・ちょ
ふ・みゃく

（七） 次の――線のカタカナを漢字一字と送りがな（ひらがな）に直せ。 (10) 2×5

〈例〉 窓をアケル。（開ける）

1 こころのユタカナ子に成長した。（　　）
2 サイワイ大事故に至らなかった。（　　）
3 破竹のイキオイで勝ち進む。（　　）
4 両者の訴えを公平にサバク。（　　）
5 大軍をヒキイて攻め込む。（　　）

（九） 次の各文にまちがって使われている同じ読みの漢字が一字ある。上に誤字を、下に正しい漢字を記せ。 (10) 2×5

1 見通しの悪い交鎖点では一時停止をして左右の安全を十分に確認する。（　）（　）
2 着色料や人工甘味料・合生保存料を加えない食品が販売されている。（　）（　）
3 青空が広がる高原の放牧場で牧牛がよだれを足らして飼料を食べている。（　）（　）
4 地球温暖化防止は環境問題解決のための重要科題である。（　）（　）
5 登山者は予測される最悪の事態を創定した準備と計画が大事だ。（　）（　）

11 表通りに店をカマえる。（　　）
12 暑い夏もサカりが過ぎた。（　　）
13 得意の足ワザを生かして勝つ。（　　）
14 希望をステずにがんばる。（　　）
15 行進の隊列がミダれてきた。（　　）
16 誕生日会のおマネきを受けた。（　　）
17 澄みきった笛のネイロだ。（　　）
18 相手の気持ちをオし量る。（　　）
19 幸運がサズかるように祈る。（　　）
20 おいしいアズキあんのお菓子だ。（　　）

予想模擬テスト⑥

解答には、常用《じょうよう》漢字の旧《きゅう》字体や表外漢字および常用漢字音訓表以外の読みを使ってはいけない。

時間 60分
合格点 140/200
得点

(一) 次の――線の**読み**を**ひらがな**で記せ。 (30) 1×30

1 新入生の歓迎会があった。（　　）
2 台風の被害状況を調べる。（　　）
3 事故の詳報が届く。（　　）
4 警官の職務尋問を受けた。（　　）
5 皮膚科の医者にかかった。（　　）
6 競技種目は長距離走です。（　　）
7 車窓から白雪の連峰を仰ぐ。（　　）
8 売れ行き好調で多忙な毎日だ。（　　）
9 客船が岸壁を静かに離れた。（　　）
10 景気の回復に拍車がかかる。（　　）
11 旬の食材で料理を作る。（　　）
12 キノコの繁殖に適した環境だ。（　　）
13 山腹にお寺の堂塔が見える。（　　）
14 山村は濃霧に包まれていた。（　　）

(二) 次の――線の**カタカナ**にあてはまる漢字をそれぞれの**ア～オ**から**一つ**選び、**記号**で答えよ。 (30) 2×15

1 困難な問題に真**ケン**に取り組む。（　　）
2 二校の講師を**ケン**務している。（　　）
3 優勝**ケン**内にとどまる。（　　）
（ア 堅　イ 剣　ウ 圏　エ 検　オ 兼）

4 今後の方**シン**を議会で検討する。（　　）
5 耐**シン**構造のビルを建てる。（　　）
6 人権**シン**害のおそれがある。（　　）
（ア 浸　イ 振　ウ 震　エ 針　オ 侵）

7 急速に高**レイ**化が進む。（　　）
8 端正な**レイ**書体の筆跡だ。（　　）
9 容姿端**レイ**な女性に出会う。（　　）
（ア 礼　イ 麗　ウ 隷　エ 齢　オ 例）

(四) **熟語の構成**のしかたには次のようなものがある。 (20) 2×10

ア 同じような意味の漢字を重ねたもの （**岩石**）
イ 反対または対応の意味を表す字を重ねたもの （**高低**）
ウ 上の字が下の字を修飾しているもの （**洋画**）
エ 下の字が上の字の目的語・補語になっているもの （**着席**）
オ 上の字が下の字の意味を打ち消しているもの （**非常**）

次の**熟語**は右の**ア～オ**のどれにあたるか、**一つ**選び、**記号**で答えよ。

1 遅刻（　　）
2 調査（　　）
3 失策（　　）
6 再会（　　）
7 予測（　　）
8 去来（　　）

15 思慮深くて落ち着きがある。（　）
16 戦争の悲惨さを体験した。（　）
17 保護者の了承を得てください。（　）
18 ツルが優雅に舞っている。（　）
19 議案は圧倒的多数で可決された。（　）
20 神社の境内の梅がちょうど見ごろだ。（　）
21 幼児がお絵描きをしている。（　）
22 人口が減って村は寂れた。（　）
23 この身は朽ちても名を残す。（　）
24 秋深し隣は何をする人ぞ（　）
25 前回に勝る好成績だった。（　）
26 戦火を逃れて国境を越えた。（　）
27 一日の生活を省みる。（　）
28 社長の右腕となって働く。（　）
29 困難な沢登りにいどんだ。（　）
30 私には一人の息子がいます。（　）

10 国民栄ヨ賞が授与された。（　）
11 海づりでヨ暇を楽しんでいる。（　）
12 ヨ金を下ろして費用に当てる。（　）
（ア与　イ余　ウ預　エ予　オ誉）

13 吹雪のために消息をタつ。（　）
14 型紙に合わせて生地をタつ。（　）
15 マグロの頭を包丁でタつ。（　）
（ア絶　イ建　ウ裁　エ断　オ立）

(三) 1～5の三つの□に**共通する漢字**を入れて熟語を作れ。漢字は**ア～コ**から**一つ**選び、**記号**で答えよ。 (10) 2×5

1 □角・相□・交□（　）
2 □腕・機□・□感（　）
3 □反・相□・□憲（　）
4 脱□・売□・□下（　）
5 結□・□出・□地（　）

ア 敏	イ 束	ウ 却	エ 互	オ 鉄
カ 退	キ 離	ク 露	ケ 触	コ 違

4 執務（　）
5 吐息（　）
9 到達（　）
10 無恥（　）

(五) 次の漢字の**部首**を**ア～エ**から**一つ**選び、**記号に○**をせよ。 (10) 1×10

1 即（ア 艮　イ 卩　ウ 日　エ 厶）
2 騒（ア 馬　イ 灬　ウ 又　エ 虫）
3 峰（ア 夂　イ 十　ウ 山　エ 二）
4 堅（ア 匚　イ 又　ウ 土　エ 臣）
5 至（ア 土　イ 厶　ウ 至　エ 一）
6 寝（ア 宀　イ 冖　ウ 丨　エ 又）
7 幅（ア 丨　イ 口　ウ 田　エ 巾）
8 蓄（ア 艹　イ 亠　ウ 幺　エ 田）
9 報（ア 辛　イ 土　ウ 十　エ 又）
10 央（ア 丿　イ 人　ウ 冂　エ 大）

（六）後の□内のひらがなを漢字に直して□に入れ、対義語・類義語を作れ。□内のひらがなは一度だけ使い、（　）に一字記入せよ。 (20) 2×10

対義語

1 返却――□用（　）
2 濃厚――□薄（　）
3 徴収――□入（　）
4 難解――平□（　）
5 不振――□調（　）

類義語

6 率直――端□（　）
7 最初――冒□（　）
8 健康――丈□（　）
9 価格――□段（　）
10 名誉――光□（　）

（八）文中の四字熟語の――線のカタカナを漢字に直せ。（　）に一字記入せよ。 (20) 2×10

1 デン光石火の早業だった。（　）
2 神前で無病ソク災を祈願する。（　）
3 ごちそうを前にキ色満面の顔だ。（　）
4 モン外不出の秘宝がある。（　）
5 後ショウ大事にしまってある。（　）
6 古本をニソク三文で売り払った。（　）
7 どの作品も同エイ曲でつまらない。（　）
8 日本と中国は一衣タイ水の間にある。（　）
9 ゲン行一致で信用の厚い人だ。（　）
10 心は明キョウ止水の境地に入る。（　）

（十）次の――線のカタカナを漢字に直せ。 (40) 2×20

1 祝賀パーティーにショウタイされた。（　）
2 新しいナイカク総理大臣が決まった。（　）
3 街頭でショメイ運動をしている。（　）
4 限りあるシゲンを大切にしよう。（　）
5 技術はあるがドクソウ性に欠ける。（　）
6 早起きのシュウカンをつける。（　）
7 今年度の予算キボを拡大する。（　）
8 机の上に書類がサンランしている。（　）
9 住職は寺院のユライを語った。（　）
10 手術後の経過はシゴク良好です。（　）

い・えい・き・こう
しゃく・てき・とう
ね・のう・ぶ

（七） 次の――線の**カタカナ**を**漢字一字**と**送りがな（ひらがな）**に直せ。 (10) 2×5

〈例〉 窓をアケル。（開ける）

1 病気が快復して実にヨロコバシイ。（　　）
2 幸運はフタタビやってこない。（　　）
3 両者のコトナル点を説明した。（　　）
4 良い話がコロガリ込んできた。（　　）
5 反対の意見をノベル。（　　）

（九） 次の各文にまちがって使われている**同じ読みの漢字**が**一字**ある。**上に誤字**を、**下に正しい漢字**を記せ。 (10) 2×5

1 発掘された古文化在の保存確保とそれに従事する技能者養成が急務である。（　　）（　　）
2 社会の高齢化にともない、介護などの、生活保障の整備が重旨される。（　　）（　　）
3 大脳の表層を形成する大脳皮質に、認知や言語をつかさどる量域がある。（　　）（　　）
4 動物の異常行動から地震を余知しようという研究が進んでいる。（　　）（　　）
5 大量に流される多種多要な情報を活用するための選ぶ能力が必要だ。（　　）（　　）

11 性格は父親によくニている。（　　）
12 式典はオゴソかに執り行われた。（　　）
13 夕焼けの空がクレナイに染まる。（　　）
14 引きシオで砂浜が広がっている。（　　）
15 改築が済むまでのカリの住まいだ。（　　）
16 お正月に書きゾめをした。（　　）
17 決戦を前にファイトをモやす。（　　）
18 ヤナギの枝が水面にタれている。（　　）
19 畳にスワって作法を習う。（　　）
20 うっとうしいツユの季節に入った。（　　）

予想模擬テスト 7

解答には、常用《じょうよう》漢字の旧《きゅう》字体や表外漢字および常用漢字音訓表以外の読みを使ってはいけない。

時間 60分
合格点 140/200
得点

(一) 次の——線の読みをひらがなで記せ。 (30) 1×30

1 二人の実力は互角である。（　　）
2 責任者に釈明を求めた。（　　）
3 万策尽きて途方に暮れる。（　　）
4 車と自転車の接触事故があった。（　　）
5 根拠が薄弱で信用できない。（　　）
6 真情を吐露してうったえる。（　　）
7 関係資料を丹念に調べた。（　　）
8 富士の秀麗な姿を仰ぎ見る。（　　）
9 対戦は冒頭から荒れ模様だ。（　　）
10 名医が執刀する。（　　）
11 今朝は比較的暖かだった。（　　）
12 趣向が平凡で新味に欠ける。（　　）
13 解決を求めて苦悩している。（　　）
14 散髪をして気分もすっきりした。（　　）

(二) 次の——線のカタカナにあてはまる漢字をそれぞれのア～オから一つ選び、記号で答えよ。 (30) 2×15

1 港に観光船が停ハクしている。（　　）
2 好評をハクした力作だ。（　　）
3 すごいハク力の大画面だ。（　　）
（ア 博　イ 白　ウ 泊　エ 拍　オ 迫）

4 荷物を満サイしたトラックだ。（　　）
5 事件とは一サイ関係がない。（　　）
6 難民の救サイに立ち上がった。（　　）
（ア 災　イ 載　ウ 採　エ 済　オ 切）

7 大学でドイツ文学を専コウした。（　　）
8 毎年コウ例の夏祭りが始まった。（　　）
9 注意事コウをよく聞く。（　　）
（ア 更　イ 恒　ウ 攻　エ 荒　オ 項）

(四) 熟語の構成のしかたには次のようなものがある。 (20) 2×10

ア 同じような意味の漢字を重ねたもの　（岩石）
イ 反対または対応の意味を表す字を重ねたもの　（高低）
ウ 上の字が下の字を修飾しているもの　（洋画）
エ 下の字が上の字の目的語・補語になっているもの　（着席）
オ 上の字が下の字の意味を打ち消しているもの　（非常）

次の熟語は右のア～オのどれにあたるか、一つ選び、記号で答えよ。

1 送迎（　　）
2 永眠（　　）
3 濁流（　　）
6 渡河（　　）
7 樹木（　　）
8 汚点（　　）

15 強打一発豪快なホームラン。（　　）
16 愛犬を獣医にみてもらう。（　　）
17 観客は大爆笑して喜んだ。（　　）
18 精神的な疲労が重なる。（　　）
19 スタートの号砲で一斉に飛び出す。（　　）
20 芸人が扇子でひざをポンと打った。（　　）（　　）
21 台風が四国地方を襲う。（　　）
22 鮮やかな包丁さばきだ。（　　）
23 事情を詳しく説明した。（　　）
24 上を下への大騒ぎだった。（　　）
25 人込みを避けて通る。（　　）
26 賃上げを絡めて要求する。（　　）
27 観光バスで名所を巡る旅だ。（　　）
28 あやまちは素直に謝る。（　　）
29 手紙に写真を添えて送る。（　　）
30 たくましい若人に育った。（　　）

10 左右対ショウの図形だ。（　　）
11 幼児は対ショウから外す。（　　）
12 性格は好対ショウの二人だ。（　　）
（ア 照　イ 称　ウ 象　エ 勝　オ 将）

13 大役をハたしてほっとした。（　　）
14 決して弱音はハかない。（　　）
15 名人の名にハじない成績だ。（　　）
（ア 晴　イ 恥　ウ 張　エ 吐　オ 果）

(三) 1〜5の三つの□に**共通する漢字**を入れて熟語を作れ。漢字は**ア〜コ**から**一つ**選び、**記号**で答えよ。 (10) 2×5

1 □心・自□・□性（　　）
2 記□・追□・□測（　　）
3 依□・信□・無□（　　）
4 □様・□造・規□（　　）
5 □雑・□忙・□栄（　　）

ア 頼	イ 存	ウ 模	エ 熱	オ 憶
カ 繁	キ 紋	ク 録	ケ 混	コ 慢

4 浮沈（　　）
5 脂肪（　　）
9 濃淡（　　）
10 不屈（　　）

(五) 次の漢字の**部首**を**ア〜エ**から**一つ**選び、**記号に○**をせよ。 (10) 1×10

1 箇（ア ⺮　イ 囗　ウ 十　エ 口）
2 聖（ア 口　イ 耳　ウ 王　エ 土）
3 勧（ア 二　イ 一　ウ 隹　エ 力）
4 驚（ア 艹　イ 攵　ウ 馬　エ 灬）
5 震（ア 辰　イ ⻗　ウ 厂　エ 冖）
6 則（ア 刂　イ 貝　ウ 目　エ 八）
7 釈（ア 丿　イ 釆　ウ 米　エ 尺）
8 紫（ア 止　イ 匕　ウ 幺　エ 糸）
9 贈（ア 目　イ 貝　ウ 田　エ 日）
10 疲（ア 冫　イ 广　ウ 疒　エ 皮）

(六) 後の□内のひらがなを漢字に直して□に入れ、対義語・類義語を作れ。□内のひらがなは一度だけ使い、( )に一字記入せよ。 (20) 2×10

対義語

1 確信 ― 憶□ ( )
2 就寝 ― □床 ( )
3 離脱 ― □加 ( )
4 厳寒 ― 猛□ ( )
5 加熱 ― □却 ( )

類義語

6 露見 ― 発□ ( )
7 防御 ― 守□ ( )
8 次第 ― 順□ ( )
9 根拠 ― 理□ ( )
10 合格 ― 及□ ( )

(八) 文中の四字熟語の――線のカタカナを漢字に直せ。( )に一字記入せよ。 (20) 2×10

1 **花チョウ**風月を友とする。 ( )
2 **創意エフウ**を生かした作品だ。 ( )
3 大地は**天サイ地変**で荒れ果てた。 ( )
4 復旧作業に**悪戦ク闘**している。 ( )
5 NPOの**シ援団体**の協力を得た。 ( )
6 常に**公平無シ**を保っている。 ( )
7 健康のために**牛イン馬食**を慎む。 ( )
8 **大山メイ動**してネズミ一匹 ( )
9 **古コン東西**に類を見ない名作だ。 ( )
10 地域の**伝トウ産業**を受け継ぐ。 ( )

(十) 次の――線のカタカナを漢字に直せ。 (40) 2×20

1 雨が少なく**オンダン**な気候です。 ( )
2 遊びに**ムチュウ**になっていた。 ( )
3 計器を見て、船は**シンロ**を定めた。 ( )
4 運転手の**カシツ**による事故だった。 ( )
5 掘りあげた芋を**チョゾウ**しておく。 ( )
6 左右の安全を**カクニン**する。 ( )
7 私鉄の**エンセン**に住まいを決めた。 ( )
8 経費の**セツゲン**に努める。 ( )
9 資源は**ホウフ**にあります。 ( )
10 三十階建ての**コウソウ**ビルだ。 ( )

かく・き・さん・しょ
じょ・そく・だい・び
ゆう・れい

（七）次の――線のカタカナを漢字一字と送りがな（ひらがな）に直せ。 (10) 2×5

〈例〉 窓をアケル。（開ける）

1 屋上からロープをタラス。（　　）
2 常識にカケル人だ。（　　）
3 不良品をノゾイて出荷する。（　　）
4 ポケットをサグルと百円玉があった。（　　）
5 運動会のアクル日はお休みです。（　　）

（九）次の各文にまちがって使われている同じ読みの漢字が一字ある。上に誤字を、下に正しい漢字を記せ。 (10) 2×5

1 歴史的な民家をその景観を生かしつつ現代の住居として最生させる。（　）（　）
2 動植物の生体系を観察するたびに、自然の驚異に感動することが多い。（　）（　）
3 建材に含まれる微量の化学物質が人体に映響を及ぼすことがある。（　）（　）
4 公園の遊具を専門家が入念に調査して、労朽化の進み具合を報告した。（　）（　）
5 事故防止のため、バスの走行中は車内での座席の異動はご遠慮ください。（　）（　）

11 高峰がツラなる山脈だ。（　　）
12 借金をして赤字をオギナう。（　　）
13 首位の確保はムズカしい。（　　）
14 英語はカタコトしか話せない。（　　）
15 木の切りカブに腰をおろす。（　　）
16 一家をササえる大黒柱だ。（　　）
17 指先のキズグチを消毒する。（　　）
18 計画はスジ書きどおりに運んだ。（　　）
19 時計の針が時をキザむ。（　　）
20 さわやかな秋ビヨリだ。（　　）

予想模擬テスト 8

解答には、常用《じょうよう》漢字の旧《きゅう》字体や表外漢字および常用漢字音訓表以外の読みを使ってはいけない。

時間 60分

合格点 140/200

得点

(一)

次の——線の**読み**を**ひらがな**で記せ。 (30) 1×30

1 家宝として珍重している。（　　）
2 注意散漫は事故のもとだ。（　　）
3 優勝戦で雌雄を決する。（　　）
4 昨夜は早めに就寝した。（　　）
5 近隣諸国と友好条約を結ぶ。（　　）
6 自転車の盗難にあった。（　　）
7 胸の辺りに鈍痛を感じる。（　　）
8 退職して隠居生活に入る。（　　）
9 山村の風俗習慣を調査する。（　　）
10 会社の浮沈にかかわる問題だ。（　　）
11 長年の功績を称賛する。（　　）
12 標本をホルマリンの溶液につける。（　　）
13 雑事から逃避して旅に出た。（　　）
14 仕事場でしばらく仮眠する。（　　）

(二)

次の——線の**カタカナ**にあてはまる**漢字**をそれぞれの**ア～オ**から**一つ**選び、**記号**で答えよ。 (30) 2×15

1 樹齢百年を超す杉の**キョ**木だ。（　　）
2 十分な車間**キョ**離を取る。（　　）
3 敵の本**キョ**地に乗り込む。（　　）
（ア 距　イ 去　ウ 拠　エ 巨　オ 許）

4 ゲームに**ム**中になっていた。（　　）
5 説明と事実が**ム**盾している。（　　）
6 前途は五里**ム**中の状態だ。（　　）
（ア 霧　イ 夢　ウ 無　エ 務　オ 矛）

7 ひとつひとつ**タン**念に集める。（　　）
8 ひもの両**タン**を結ぶ。（　　）
9 問題は簡**タン**に解決できた。（　　）
（ア 端　イ 丹　ウ 単　エ 嘆　オ 担）

10 アユ漁が**カイ**禁になった。（　　）
11 高齢者を**カイ**護する。（　　）

(四)

熟語の構成のしかたには次のようなものがある。 (20) 2×10

ア 同じような意味の漢字を重ねたもの（**岩石**）
イ 反対または対応の意味を表す字を重ねたもの（**高低**）
ウ 上の字が下の字を修飾しているもの（**洋画**）
エ 下の字が上の字の目的語・補語になっているもの（**着席**）
オ 上の字が下の字の意味を打ち消しているもの（**非常**）

次の**熟語**は右の**ア～オ**のどれにあたるか、**一つ**選び、**記号**で答えよ。

1 警戒（　　）
2 離陸（　　）
3 経緯（　　）

6 腐敗（　　）
7 珍事（　　）
8 未満（　　）

15 諸般の事情を考えて決める。（　　）
16 食器を洗剤できれいに洗う。（　　）
17 友人の婚礼に招待された。（　　）
18 天候不良で凶作となった。（　　）
19 クラスに同姓の友が三人いる。（　　）
20 活火山が噴煙をあげている。（　　）
21 昨夜は怖い夢を見た。（　　）
22 先例に鑑みて行動する。（　　）
23 不正行為の事実が公になった。（　　）
24 葉先から雨の滴がしたたる。（　　）
25 休日に裏庭の雑草を刈り取る。（　　）
26 針路が北に振れてしまった。（　　）
27 今日は一日お疲れ様でした。（　　）
28 口を閉ざして何も答えない。（　　）
29 古い木の柱が朽ちる。（　　）
30 勝敗の行方を占う。（　　）

12 カイ心の出来ばえであった。（　　）
（ア開　イ解　ウ回　エ会　オ介）

13 銀行の窓口で円をドルにカえる。（　　）
14 寒風にカれ葉が舞う。（　　）
15 急を聞いてカけ付けた。（　　）
（ア枯　イ代　ウ飼　エ替　オ駆）

（三）

1～5の三つの□に**共通する漢字**を入れて熟語を作れ。漢字は**ア～コ**から**一つ**選び、**記号**で答えよ。 (10) 2×5

1 □端・至□・究□（　　）
2 □説・□悪・低□（　　）
3 □曲・童□・民□（　　）
4 追□・□破・□拍子（　　）
5 宿□・田□・校□（　　）

ア 謡	イ 泊	ウ 跡	エ 極	オ 撃
カ 舎	キ 俗	ク 雅	ケ 突	コ 楽

4 被害（　　）
5 雌雄（　　）
9 捕獲（　　）
10 無縁（　　）

（五）

次の漢字の**部首**を**ア～エ**から**一つ**選び、**記号に〇**をせよ。 (10) 1×10

1 跡（ア亠　イ⻊　ウ口　エ八）
2 較（ア車　イ日　ウ亠　エ父）
3 舞（ア夕　イ十　ウ二　エ舛）
4 覚（ア⺍　イ冖　ウ見　エ儿）
5 倒（ア亻　イ土　ウ刂　エ至）
6 歴（ア厂　イ木　ウ止　エト）
7 越（ア土　イ走　ウ戈　エ疋）
8 奇（ア大　イ口　ウ亅　エ一）
9 攻（アノ　イ工　ウ攵　エ又）
10 窓（ア宀　イ穴　ウ厶　エ心）

(六) 後の［　］内のひらがなを漢字に直して□に入れ、対義語・類義語を作れ。［　］内のひらがなは一度だけ使い、（　）に一字記入せよ。 (20) 2×10

対義語

1 需要―供□（　）
2 大敗―□勝（　）
3 困難―容□（　）
4 吸収―発□（　）
5 単純―複□（　）

類義語

6 推量―憶□（　）
7 加勢―□援（　）
8 永眠―□界（　）
9 腕前―技□（　）
10 是非―□否（　）

(八) 文中の四字熟語の――線のカタカナを漢字に直せ。（　）に一字記入せよ。 (20) 2×10

1 何事にも真剣勝ブで立ち向かう。（　）
2 情報不足で疑心アン鬼におちいる。（　）
3 善良だが意シ薄弱なのが欠点だ。（　）
4 勝手に休むとは言語ドウ断だ。（　）
5 一ボウ千里の大草原だ。（　）
6 あまりの痛さに七テン八倒した。（　）
7 うわさは事実無コンだとはねつけた。（　）
8 実力を蓄えて時セツ到来を待つ。（　）
9 出来事の一部始ジュウを聞いた。（　）
10 君の態度はユウ柔不断だ。（　）

(十) 次の――線のカタカナを漢字に直せ。 (40) 2×20

1 修正意見にサンドウする。（　）
2 手紙のあて名にケイショウを付ける。（　）
3 多数のシジを得て当選した。（　）
4 古いメイシンにはとらわれない。（　）
5 性格は快活でメイロウです。（　）
6 銅像のジョマク式に参列した。（　）
7 指示があるまでタイキしている。（　）
8 ガラスのハヘンが散らばっている。（　）
9 シーズンにはリンジ列車が出る。（　）
10 土足での入室はゲンキンします。（　）

あっ・い・おう・か
きゅう・ざつ・さん・そく
た・りょう

(七) 次の——線の**カタカナ**を**漢字一字**と**送りがな(ひらがな)**に直せ。 (10) 2×5

〈例〉 窓を**アケル**。(開ける)

1 他国の人と**マジワリ**を結んだ。( )
2 お金を銀行に**アズケル**。( )
3 **ケワシイ**山々が連なっている。( )
4 やせた土地を**コヤス**。( )
5 史実に**モトヅイ**た話である。( )

(九) 次の各文にまちがって使われている**同じ読みの漢字**が**一字**ある。**上に誤字**を、**下に正しい漢字**を記せ。 (10) 2×5

1 遺跡から多数の銅鏡が出土し、日本の古代史研究に課題を提協した。( )( )
2 多忙な業務を引き受けることになり、地域の役員を辞認することにした。( )( )
3 幾度も転倒しながら走り続けるマラソン選手に縁道から声援が送られた。( )( )
4 航空機の手配から現地での宿泊まで、一再のお世話を致します。( )( )
5 あまり深追いし過ぎると後から取り帰しのつかないことが起きる。( )( )

11 この状態では**スク**いようがない。( )
12 事の道理を**ト**いて聞かせる。( )
13 きれいさっぱりと足を**アラ**った。( )
14 人としての**マコト**を尽くす。( )
15 鎖を解いて犬を庭に**ハナ**つ。( )
16 古い土蔵のある町**ナミ**だ。( )
17 互いに腹を**ワ**って話をしよう。( )
18 今年の運勢を**ウラナ**う。( )
19 稲が**コガネ**色に実っている。( )
20 頼もしい**ワコウド**に成長した。( )

予想模擬テスト 9

解答には、常用《じょうよう》漢字の旧《きゅう》字体や表外漢字および常用漢字音訓表以外の読みを使ってはいけない。

時間 60分　合格点 140/200　得点

(一) 次の——線の**読み**を**ひらがな**で記せ。 (30) 1×30

1 話し合いは今後も継続する。（　）
2 彼に匹敵する実力者はいない。（　）
3 老木は樹齢千年といわれる。（　）
4 十年の歳月が流れた。（　）
5 平凡で目立った特徴がない。（　）
6 色の濃淡を生かした絵だ。（　）
7 問題の解決に鋭意努力する。（　）
8 自動制御が働いて停止した。（　）
9 性能の優劣を争う。（　）
10 世相を風刺した漫画だ。（　）
11 耐震構造でビルを新築した。（　）
12 古代の遺跡を踏査する。（　）
13 夏は高原の避暑地にいる。（　）
14 当分は曇天が続くでしょう。（　）

(二) 次の——線の**カタカナ**にあてはまる漢字をそれぞれの**ア〜オ**から**一つ**選び、**記号**で答えよ。 (30) 2×15

1 筆無**ショウ**で手紙は大の苦手だ。（　）
2 臨時国会が**ショウ**集された。（　）
3 協議の**ショウ**細は追って通知する。（　）
（ア 詳　イ 障　ウ 召　エ 詔　オ 精）

4 東京は北**イ**三十五度付近にある。（　）
5 スピード**イ**反で罰せられた。（　）
6 不正な行**イ**を取りしまる。（　）
（ア 偉　イ 違　ウ 緯　エ 為　オ 維）

7 会長が**エイ**断をくだした。（　）
8 支店長に**エイ**転した。（　）
9 周囲に**エイ**響を与える。（　）
（ア 営　イ 栄　ウ 影　エ 永　オ 英）

10 食品**テン**加物が明示されている。（　）

(四) **熟語の構成**のしかたには次のようなものがある。 (20) 2×10

ア 同じような意味の漢字を重ねたもの　（**岩石**）
イ 反対または対応の意味を表す字を重ねたもの　（**高低**）
ウ 上の字が下の字を修飾しているもの　（**洋画**）
エ 下の字が上の字の目的語・補語になっているもの　（**着席**）
オ 上の字が下の字の意味を打ち消しているもの　（**非常**）

次の**熟語**は右の**ア〜オ**のどれにあたるか、**一つ**選び、**記号**で答えよ。

1 離合（　）
2 発汗（　）
3 汚濁（　）
6 不惑（　）
7 経典（　）
8 破壊（　）

15 X線で内部を透視する。（　　）

16 威儀を正して式場に入る。（　　）

17 事故は一瞬の出来事だった。（　　）

18 朱に交われば赤くなる（　　）

19 優勝して感涙にむせぶ。（　　）

20 事故のけが人を介抱する。（　　）

21 ライオンが獲物をねらっている。（　　）

22 友達に入会を勧める。（　　）

23 師の恩に報いる。（　　）

24 負けても腐らずにがんばる。（　　）

25 お菓子の詰め合わせを買う。（　　）

26 暑いので薄着で外出した。（　　）

27 遠足はよい天候に恵まれた。（　　）

28 しかられても致し方ない。（　　）

29 足取りも軽やかに帰宅した。（　　）

30 うっとうしい梅雨空だ。（　　）

---

11 自動テン火の装置が働いている。（　　）

12 熱心な論戦がテン開された。（　　）

（ア 点　イ 添　ウ 展　エ 転　オ 典）

13 マラソンのオり返し点。（　　）

14 わがままで手にオえない。（　　）

15 無理をオして試合に出た。（　　）

（ア 負　イ 推　ウ 折　エ 織　オ 押）

（三） 1～5の三つの□に**共通する漢字**を入れて熟語を作れ。漢字は**ア～コ**から**一つ**選び、**記号**で答えよ。 (10) 2×5

1 微□・□味・奇□（　　）

2 □願・□員・未□（　　）

3 模□・□囲・規□（　　）

4 □念・固□・□務（　　）

5 絶□・岸□・□新聞（　　）

ア 祈	イ 満	ウ 望	エ 範	オ 壁
カ 細	キ 妙	ク 執	ケ 辞	コ 型

---

4 処罰（　　）

5 非礼（　　）

9 朗報（　　）

10 隣国（　　）

（五） 次の漢字の**部首**を**ア～エ**から**一つ**選び、**記号に○**をせよ。 (10) 1×10

1 扇（ア 一　イ 尸　ウ 戸　エ 羽）

2 盆（ア 八　イ 人　ウ 刀　エ 皿）

3 稿（ア 木　イ 禾　ウ 亠　エ 冂）

4 載（ア 土　イ 戈　ウ 車　エ 日）

5 老（ア 土　イ ノ　ウ 耂　エ 匕）

6 屋（ア 厶　イ 尸　ウ 至　エ 土）

7 欲（ア 谷　イ 八　ウ 欠　エ 人）

8 夢（ア 艹　イ 夕　ウ 冖　エ 罒）

9 殿（ア 尸　イ 几　ウ 又　エ 殳）

10 劇（ア 刂　イ ト　ウ 虍　エ 豕）

(六) 後の□内のひらがなを漢字に直して□に入れ、対義語・類義語を作れ。□内のひらがなは一度だけ使い、（ ）に一字記入せよ。 (20) 2×10

対義語

1 凶作 ― □作 （ ）
2 散在 ― □集 （ ）
3 継続 ― 中□ （ ）
4 保守 ― □新 （ ）
5 年始 ― 歳□ （ ）

類義語

6 感心 ― 敬□ （ ）
7 準備 ― 支□ （ ）
8 同感 ― □鳴 （ ）
9 本気 ― □剣 （ ）
10 高慢 ― □大 （ ）

(八) 文中の四字熟語の――線のカタカナを漢字に直せ。（ ）に一字記入せよ。 (20) 2×10

1 教育の**機会キン等**を保障する。 （ ）
2 **是ヒ善悪**の分別は持っている。 （ ）
3 寄り合いは**ダン論風発**で盛り上がる。 （ ）
4 **薄リ多売**の方針で業績を上げた。 （ ）
5 **八ポウ美人**で抜け目のない人だ。 （ ）
6 内容が**無ミ乾燥**でつまらない。 （ ）
7 **針小ボウ大**に書き立てる。 （ ）
8 日々努力して**コウ機到来**を待つ。 （ ）
9 **多事多ナン**の苦労にも耐える。 （ ）
10 赤字続きで**アオ息吐息**の状態だ。 （ ）

(十) 次の――線のカタカナを漢字に直せ。 (40) 2×20

1 読者を**タイショウ**に調査する。 （ ）
2 職場で人事**イドウ**があった。 （ ）
3 テレビで昔の名画を**ホウエイ**する。 （ ）
4 駅前でビラを**ハイフ**している。 （ ）
5 日本列島を**ジュウダン**する旅に出た。 （ ）
6 健康が私の**ザイサン**だ。 （ ）
7 新しい情報を**テイキョウ**する。 （ ）
8 セミがさなぎから**ウカ**した。 （ ）
9 物品の販売を**タントウ**する。 （ ）
10 歴史的な町の**ケイカン**を保護する。 （ ）

かく・きょう・しん・そん
たく・だん・ふく・ほう
まつ・みっ

(七) 次の——線の**カタカナ**を**漢字一字**と**送りがな(ひらがな)**に直せ。 (10) 2×5

〈例〉 窓を**アケル**。(開ける)

1 先輩に**マサル**とも劣らない実力だ。

2 畑を**タガヤシ**て種をまく。

3 コンクリートで地面を**カタメル**。

4 赤ん坊の**ヤスラカナ**寝顔だ。

5 犬が**アバレル**ので大弱りした。

(九) 次の各文にまちがって使われている**同じ読みの漢字**が**一字**ある。**上に誤字**を、**下に正しい漢字**を記せ。 (10) 2×5

1 幕末には、諸外国の船が沿岸に現れて水や食料を求め交益を要求した。

2 国際連合児童基金(ユニセフ)の趣旨に参同して支援活動に協力する。

3 のど自慢の最終予戦が行われ、大勢の出場者が会場にあふれた。

4 郷土史料館の展示を見て回ると、その地域の風土や歴史への供味が増す。

5 高原の木々の紅葉を観賞しながら深まりゆく秋の優歩道を散策する。

11 残念ながら結果は**ウラメ**に出た。

12 能率を上げて時間の無駄を**ハブ**く。

13 本心かどうか**ウタガ**わしい。

14 身の**チヂ**むような思いをした。

15 薬剤を用いて害虫の侵入を**フセ**ぐ。

16 あまりの見事さに舌を**マ**いた。

17 青雲の**ココロザシ**を抱く。

18 **ツミ**をにくんで人をにくまず

19 特売場に**ワレサキ**にと駆け付けた。

20 大**ウナバラ**を航行する夢を見た。

予想模擬テスト 10

解答には、常用《じょうよう》漢字の旧《きゅう》字体や表外漢字および常用漢字音訓表以外の読みを使ってはいけない。

時間 60分
合格点 140/200
得点

(一) 次の——線の読みをひらがなで記せ。 (30) 1×30

1 宇宙船は大気圏に突入した。（　　）
2 正面玄関で客を迎えた。（　　）
3 話の脈絡がはっきりしない。（　　）
4 副会長が会計を兼任する。（　　）
5 警備員が会場を巡回する。（　　）
6 陰影に富んだ絵画だ。（　　）
7 思い余って絶叫した。（　　）
8 エアコンは一般に普及している。（　　）
9 台風で家屋が倒壊した。（　　）
10 親の縁故で就職した。（　　）
11 事故で列車が遅延している。（　　）
12 何の根拠もないうわさ話だ。（　　）
13 地下資源は無尽蔵ではない。（　　）
14 規則を破って処罰された。（　　）

(二) 次の——線のカタカナにあてはまる漢字をそれぞれのア〜オから一つ選び、記号で答えよ。 (30) 2×15

1 テストで実力を発キした。（　　）
2 キ抜な発想をする人だ。（　　）
3 社会の発展にキ与する。（　　）
（ア 輝　イ 揮　ウ 期　エ 寄　オ 奇）

4 裁判をボウ聴する。（　　）
5 外国にボウ命する。（　　）
6 彼は有名なボウ険家だ。（　　）
（ア 亡　イ 坊　ウ 傍　エ 帽　オ 冒）

7 証人に対するジン問が始まった。（　　）
8 医はジン術なり（　　）
9 町づくりにジン力した人だ。（　　）
（ア 臣　イ 陣　ウ 仁　エ 尽　オ 尋）

10 薬のフク作用に気を付ける。（　　）
11 会社と家とを往フクする毎日だ。（　　）

(四) 熟語の構成のしかたには次のようなものがある。 (20) 2×10

ア 同じような意味の漢字を重ねたもの（岩石）
イ 反対または対応の意味を表す字を重ねたもの（高低）
ウ 上の字が下の字を修飾しているもの（洋画）
エ 下の字が上の字の目的語・補語になっているもの（着席）
オ 上の字が下の字の意味を打ち消しているもの（非常）

次の熟語は右のア〜オのどれにあたるか、一つ選び、記号で答えよ。

1 非情（　　）
2 蓄積（　　）
3 樹齢（　　）
6 兼職（　　）
7 解除（　　）
8 安眠（　　）

15 地震の恐怖は忘れられない。（　　）
16 ついに最高峰を征服した。（　　）
17 景気回復で需要がふえた。（　　）
18 二人は意見の一致をみた。（　　）
19 事件に至った経緯を話す。（　　）
20 優れた人材を輩出する。（　　）
21 展示品には手を触れない。（　　）
22 川の堤にタンポポが咲いていた。（　　）
23 見事に離れ業を演じた。（　　）
24 最近、背丈が急にのびた。（　　）
25 かけじくを床の間にかける。（　　）
26 最近、白髪が目立ってきた。（　　）
27 参道の奥に本堂がある。（　　）
28 ラジウムを含んだ温泉だ。（　　）
29 すずめ百まで踊りを忘れず（　　）
30 山間は時雨模様だろう。（　　）

12 小説の**フク**案を練っている。（　　）
（ア 副　イ 幅　ウ 復　エ 複　オ 腹）

13 砂糖は水に**ト**ける。（　　）
14 やっとなぞが**ト**けた。（　　）
15 仏の教えを**ト**いて聞かせる。（　　）
（ア 解　イ 溶　ウ 説　エ 問　オ 富）

（三）

1～5の三つの□に**共通する漢字**を入れて熟語を作れ。漢字は**ア～コ**から**一つ**選び、**記号**で答えよ。（10）2×5

1 運□・□送・□血（　　）
2 □頭・円□・□営（　　）
3 □議・□体・抵□（　　）
4 □点・混□・□流（　　）
5 □時・一□・□発力（　　）

ア 汚　イ 瞬　ウ 搬　エ 陣　オ 抗
カ 臨　キ 濁　ク 輸　ケ 冒　コ 異

4 跳躍（　　）
5 首尾（　　）
9 矛盾（　　）
10 抜群（　　）

（五）

次の漢字の**部首**を**ア～エ**から**一つ**選び、**記号に○**をせよ。（10）1×10

1 覧（ア 臣　イ 見　ウ 目　エ 儿）
2 乳（ア ノ　イ ⺍　ウ 子　エ 乚）
3 隷（ア 士　イ 小　ウ 隶　エ 示）
4 砲（ア ノ　イ 石　ウ 勹　エ 己）
5 胸（ア 月　イ 勹　ウ 㐅　エ 凵）
6 撃（ア 車　イ 日　ウ 手　エ 殳）
7 幕（ア 艹　イ 日　ウ 巾　エ 大）
8 盗（ア 冫　イ 欠　ウ 人　エ 皿）
9 歳（ア 止　イ 厂　ウ 小　エ 戈）
10 趣（ア 土　イ 走　ウ 耳　エ 又）

(六) 後の□内のひらがなを**漢字**に直して□に入れ、**対義語・類義語**を作れ。□内のひらがなは一度だけ使い、（　）に**一字記入**せよ。 (20) 2×10

対義語

1 不振――好□　（　）

2 禁止――□可　（　）

3 却下――受□　（　）

4 巨大――微□　（　）

5 信用――□惑　（　）

類義語

6 回想――□憶　（　）

7 下品――俗□　（　）

8 抜群――屈□　（　）

9 容易――□単　（　）

10 多発――□出　（　）

(八) 文中の**四字熟語**の――線の**カタカナ**を**漢字**に直せ。（　）に**一字記入**せよ。 (20) 2×10

1 **舌先三ズン**で丸め込まれた。　（　）

2 **絶体絶メイ**のピンチを乗り切った。　（　）

3 **コ大広告**にだまされるな。　（　）

4 学力優秀で**品コウ方正**な人だ。　（　）

5 ついに**前人ミ到**の大記録が出た。　（　）

6 人によって考えは**千サ万別**である。　（　）

7 おく病者で**小シン翼々**としている。　（　）

8 **タン刀直入**にたずねる。　（　）

9 **無為無サク**で放置してはいけない。　（　）

10 **自キュウ自足**の生活をする。　（　）

(十) 次の――線の**カタカナ**を**漢字**に直せ。 (40) 2×20

1 全国各地で映画の**コウギョウ**をする。　（　）

2 経験と**ジュクレン**を要する仕事だ。　（　）

3 新たな問題が**ハセイ**した。　（　）

4 調査団に**ヨウボウ**書を手渡した。　（　）

5 修学旅行の**コウホ**地を選定する。　（　）

6 天候不良で日程を**ジュンエン**する。　（　）

7 調理場に**ショウカキ**を設置する。　（　）

8 畑を**セイチ**して野菜の種をまく。　（　）

9 平和外交を**スイシン**する。　（　）

10 昔の童謡の**カシ**を思い出した。　（　）

あく・かん・ぎ・きょ
さい・し・ぞく・ちょう
つい・り

（七）

次の——線のカタカナを**漢字一字**と**送りがな（ひらがな）**に直せ。 (10) 2×5

〈例〉 窓をアケル。（開ける）

1 平和がオトズレル日も近い。

2 神仏をウヤマウ心を持つ。

3 アツク御礼申し上げる。

4 流れにサカラッて進む。

5 谷川のキヨラカナ流れだ。

（九）

次の各文にまちがって使われている**同じ読みの漢字**が**一字**ある。**上に誤字**を、**下に正しい漢字**を記せ。 (10) 2×5

1 説明文を熟読して内容を五十字程度に要訳する課題だった。

2 ビタミンや鉄分を多量に含む食品は貧血状態の回善に効果がある。

3 国宝に指定された客殿の間にある障壁画の習復作業が進んでいる。

4 赤く染まった夕空が、石造りの仏教偉跡の威容を一層きわだたせていた。

5 空気のよく澄んだ高原の静かな湖面に中秋の名月が影を写していた。

11 しょうゆを一さじクワえる。

12 近所の川に水アびに行った。

13 子ザルが木のミキをよじ登った。

14 旅先からのタヨりが届いた。

15 業績の回復をハカって飛び回る。

16 初日の出をオガむ。

17 生け花をナラっている。

18 お握りにウメボしを入れる。

19 晴れのカドデを祝う。

20 秋の夕日に照る山モミジ

予想模擬テスト 11

解答には、常用《じょうよう》漢字の旧《きゅう》字体や表外漢字および常用漢字音訓表以外の読みを使ってはいけない。

時間 60分
合格点 140/200
得点

（一）

次の——線の**読み**を**ひらがな**で記せ。 (30) 1×30

1 勝利の祝杯をあげた。（　）
2 生まれつき丈夫なほうです。（　）
3 退職の勧告を受けた。（　）
4 商談は首尾よく運んだ。（　）
5 責任を厳しく追及する。（　）
6 野菜の濃縮ジュースを飲む。（　）
7 次期会長の候補に浮上した。（　）
8 本山の宿坊に泊めてもらう。（　）
9 優雅な生活を送る。（　）
10 病院で臓器の摘出手術を受けた。（　）
11 野球の殿堂入りを果たした。（　）
12 総選挙は与党が大勝した。（　）
13 ワールドカップに熱狂した。（　）
14 姉は日本舞踊を習っている。（　）
15 資料を添付して説明した。（　）

（二）

次の——線の**カタカナ**にあてはまる漢字をそれぞれの**ア〜オ**から**一つ**選び、**記号**で答えよ。 (30) 2×15

1 友人に**ショク**発される。（　）
2 卒業記念の**ショク**樹をした。（　）
3 室内の装**ショク**を工夫する。（　）
（ア 色　イ 飾　ウ 植　エ 殖　オ 触）

4 地区大会の応**エン**に行く。（　）
5 環境問題の講**エン**会がある。（　）
6 お地蔵様の**エン**日だ。（　）
（ア 演　イ 園　ウ 鉛　エ 縁　オ 援）

7 会社の上**シ**の指示を受ける。（　）
8 設立の趣**シ**を説明する。（　）
9 社名の入った名**シ**を作った。（　）
（ア 仕　イ 紙　ウ 司　エ 刺　オ 旨）

10 大雨で床下が**シン**水した。（　）
11 成績不**シン**から抜け出した。（　）
12 何事にも**シン**重に対処する。（　）
（ア 震　イ 振　ウ 侵　エ 浸　オ 慎）

（四）

熟語の構成のしかたには次のようなものがある。 (20) 2×10

ア 同じような意味の漢字を重ねたもの　（**岩石**）
イ 反対または対応の意味を表す字を重ねたもの　（**高低**）
ウ 上の字が下の字を修飾しているもの　（**洋画**）
エ 下の字が上の字の目的語・補語になっているもの　（**着席**）
オ 上の字が下の字の意味を打ち消しているもの　（**非常**）

次の**熟語**は右の**ア〜オ**のどれにあたるか、**一つ**選び、**記号**で答えよ。

1 栄枯（　）
2 握力（　）
3 微増（　）
6 不朽（　）
7 貯蓄（　）
8 裏面（　）

16 旧暦で正月の祝いをする。（　　）
17 世界の恒久平和を祈念する。（　　）
18 若者の新鮮な感覚に期待する。（　　）
19 河川敷に運動公園ができた。（　　）
20 夏野菜の出荷が始まった。（　　）
21 心を込めて制作に打ち込む。（　　）
22 軒先で雨宿りをしている。（　　）
23 汚い手を洗う。（　　）
24 水道工事で水が濁った。（　　）
25 店頭にバラの花を飾る。（　　）
26 原告の訴えが認められた。（　　）
27 鉛色のどんよりとした空が広がる。（　　）
28 難問を抱えて弱っている。（　　）
29 資金の蓄えは十分にある。（　　）
30 さわやかな五月晴れです。（　　）

13 そっと耳をスませる。（　　）
14 支払いをスませて店を出た。（　　）
15 お札のスかしを確かめる。（　　）
（ア 澄　イ 透　ウ 好　エ 済　オ 住）

(三) 1～5の三つの□に**共通する漢字**を入れて熟語を作れ。漢字は**ア～コ**から**一つ**選び、**記号**で答えよ。 (10) 2×5

1 □養・治□・医□（　　）
2 末□・□翼・□根（　　）
3 □線・路□・□観（　　）
4 勇□・□動・跳□（　　）
5 □限・至□・□彩色（　　）

ア 猛	イ 静	ウ 傍	エ 有	オ 極
カ 療	キ 躍	ク 端	ケ 尾	コ 脱

4 鎖国（　　）
5 避難（　　）
9 攻防（　　）
10 脱帽（　　）

(五) 次の漢字の**部首**を**ア～エ**から**一つ**選び、**記号**に**○**をせよ。 (10) 1×10

1 惑（ア 戈　イ 口　ウ 心　エ 一）
2 曇（ア 日　イ 雨　ウ 二　エ ム）
3 燃（ア 夕　イ 犬　ウ 灬　エ 火）
4 術（ア 小　イ 彳　ウ 行　エ 十）
5 厚（ア 日　イ 子　ウ 厂　エ 口）
6 基（ア 一　イ 八　ウ 二　エ 土）
7 彩（ア 丿　イ 米　ウ 采　エ 彡）
8 獲（ア 犭　イ 艹　ウ 隹　エ 又）
9 致（ア ム　イ 土　ウ 至　エ 攵）
10 珍（ア 彡　イ 人　ウ ノ　エ 王）

（六） 後の□内のひらがなを漢字に直して□に入れ、**対義語**・**類義語**を作れ。□内のひらがなは一度だけ使い、（　）に一字記入せよ。 (20) 2×10

対義語

1 縮小――□大（　）
2 友好――□対（　）
3 先祖――子□（　）
4 任意――強□（　）
5 留守――在□（　）

類義語

6 不朽――□遠（　）
7 給料――□金（　）
8 前途――□来（　）
9 手品――奇□（　）
10 看病――介□（　）

（八） 文中の**四字熟語**の――線の**カタカナ**を**漢字**に直せ。（　）に一字記入せよ。 (20) 2×10

1 今や**人気ゼッ頂**の商品だ。（　）
2 **流言ヒ語**に惑わされるな。（　）
3 **セイ風明月**の秋の夜空だ。（　）
4 世間の批評を**馬ジ東風**と聞き流す。（　）
5 会議は**議ロン百出**で混乱した。（　）
6 人としての**大ギ名分**を押し通す。（　）
7 **白砂青ショウ**の海岸だ。（　）
8 **サイ色兼備**の評判が高い女性だ。（　）
9 大観衆の前で**力戦フン闘**した。（　）
10 両者の意見は**大同小イ**だ。（　）

（十） 次の――線の**カタカナ**を**漢字**に直せ。 (40) 2×20

1 建設用地の**ソクリョウ**にかかる。（　）
2 新製品の**センデン**に力を入れる。（　）
3 ドアは自動で**カイヘイ**します。（　）
4 環境問題について**コウサツ**する。（　）
5 水鳥の生息に**サイテキ**の環境だ。（　）
6 事業を拡大して**シュウエキ**を上げた。（　）
7 この一戦に**ショウブ**をかける。（　）
8 問題は**ヨウイ**に解決できない。（　）
9 私には別の**フクアン**があります。（　）
10 限られた材料を**クフウ**して制作した。（　）

えい・かく・ご・じゅつ
しょう・せい・そん・たく
ちん・てき

(七) 次の——線の**カタカナ**を**漢字一字**と**送りがな（ひらがな）**に直せ。 (10) 2×5

〈例〉 窓を**アケル**。（開ける）

1 新しい方法を**ココロミル**。（　　）

2 仏前に一束の花を**ソナエル**。（　　）

3 決意も**アラタニ**再出発する。（　　）

4 原本と**テラシ**合わせてみた。（　　）

5 本当かどうか**ウタガワシイ**。（　　）

(九) 次の各文にまちがって使われている**同じ読みの漢字**が**一字**ある。**上に誤字**を、**下に正しい漢字**を記せ。 (10) 2×5

1 お買い上げ後は、冷蔵庫で補存して消費期限内にお召し上がりください。（　）（　）

2 犯行に至った経緯や動機については公判で開明されることを期待する。（　）（　）

3 道路交通網をはじめ、都市基盤整備の作定に委員として加わる。（　）（　）

4 大リーグの野球試合の実況を営星放送が深夜に中継している。（　）（　）

5 新世紀になって情報通信の分野が質・量ともに加足度的な発展をとげた。（　）（　）

11 自分勝手な要求を**シリゾ**ける。（　　）

12 調査して結論を**ミチビ**き出す。（　　）

13 清水のわき出す**イズミ**を見つけた。（　　）

14 自動車会社に**ツト**めている。（　　）

15 世の人のために**ヨ**い行いをする。（　　）

16 笑い声の**タ**えない一家だ。（　　）

17 人の心は**ゼニカネ**では買えない。（　　）

18 先輩の指示に**シタガ**う。（　　）

19 交番でお**マワ**りさんに道を聞いた。（　　）

20 仕事に差し**ツカ**えはないと思う。（　　）

予想模擬テスト ⑫

解答には、常用《じょうよう》漢字の旧《きゅう》字体や表外漢字および常用漢字音訓表以外の読みを使ってはいけない。

時間 60分

合格点 140/200

得点

(一) 次の――線の**読み**を**ひらがな**で記せ。 (30) 1×30

1 雑誌の原稿を執筆している。（　）
2 損害は微微たるものだった。（　）
3 室内装飾を担当している。（　）
4 時代に即応した考えだ。（　）
5 世にも奇妙なでき事だった。（　）
6 彼は政治的な手腕の持ち主だ。（　）
7 起きて半畳、寝て一畳（　）
8 山すそに一軒の農家がある。（　）
9 入学試験の要項を発表する。（　）
10 速球投手は握力が強い。（　）
11 過去には奴隷制度があった。（　）
12 経営の基盤が確立できた。（　）
13 夏休みの海浜学校に行った。（　）
14 水質汚濁の原因を調べる。（　）

(二) 次の――線の**カタカナ**にあてはまる漢字をそれぞれの**ア～オ**から**一つ**選び、**記号**で答えよ。 (30) 2×15

1 愛国心を**コ**吹する文学だ。（　）
2 確かな証**コ**をつかんだ。（　）
3 事実を**コ**張して話す。（　）
（ア 故　イ 拠　ウ 誇　エ 固　オ 鼓）

4 激しい**テイ**抗にあった。（　）
5 試合の日**テイ**を組み替える。（　）
6 港の防波**テイ**で魚をつる。（　）
（ア 程　イ 堤　ウ 提　エ 抵　オ 低）

7 技術を**ク**使して製作する。（　）
8 真**ク**の優勝旗を授与された。（　）
9 デザインに**ク**夫をこらす。（　）
（ア 紅　イ 駆　ウ 工　エ 句　オ 区）

10 十年の**サイ**月が過ぎ去った。（　）
11 救援隊が被**サイ**地に向かう。（　）
12 新聞の連**サイ**小説を読む。（　）
（ア 災　イ 彩　ウ 再　エ 載　オ 歳）

(四) **熟語の構成**のしかたには次のようなものがある。 (20) 2×10

ア 同じような意味の漢字を重ねたもの　（**岩石**）
イ 反対または対応の意味を表す字を重ねたもの　（**高低**）
ウ 上の字が下の字を修飾しているもの　（**洋画**）
エ 下の字が上の字の目的語・補語になっているもの　（**着席**）
オ 上の字が下の字の意味を打ち消しているもの　（**非常**）

次の**熟語**は右の**ア～オ**のどれにあたるか、**一つ**選び、**記号**で答えよ。

1 耐熱（　）
2 接触（　）
3 早熟（　）

6 不覚（　）
7 清濁（　）
8 更衣（　）

15 競技種目は跳馬で出場した。（　　）
16 世の風潮に迎合した考えだ。（　　）
17 社会の規範に従うべきだ。（　　）
18 小石が水面に波紋を広げた。（　　）
19 あまりの早業に驚嘆した。（　　）
20 申し出が唐突なので断った。（　　）
21 弟の手柄話に花が咲く。（　　）
22 熱い涙がこみ上げてくる。（　　）
23 これでも武士の端くれだ。（　　）
24 川沿いに小さな沼がある。（　　）
25 暑さはもう峠を越した。（　　）
26 三月三日は桃の節句です。（　　）
27 店の看板娘といわれている。（　　）
28 解決策は手探りの状態だ。（　　）
29 責任者の許可が要る。（　　）
30 日本の古称を大和という。（　　）

13 南をサして鳥が飛ぶ。（　　）
14 人目をサけて裏通りを帰る。（　　）
15 今朝は早く目がサめた。（　　）

（ア 冷　イ 避　ウ 指　エ 刺　オ 覚）

（三） 1〜5の三つの□に**共通する漢字**を入れて熟語を作れ。漢字は**ア〜コ**から**一つ**選び、**記号**で答えよ。 (10) 2×5

1 □力・失□・健□（　　）
2 離□・□衣・□走（　　）
3 □殿・浮□・□黙（　　）
4 貯□・□財・含□（　　）
5 □殖・□忙・農□期（　　）

ア 御	イ 散	ウ 蓄	エ 養	オ 脚
カ 脱	キ 沈	ク 蔵	ケ 威	コ 繁

4 乾燥（　　）
5 利害（　　）
9 壁面（　　）
10 越冬（　　）

（五） 次の漢字の**部首**をア〜エから**一つ**選び、**記号**に○をせよ。 (10) 1×10

1 歓（ア 二　イ 隹　ウ 人　エ 欠）
2 是（ア 日　イ 一　ウ ト　エ 人）
3 善（ア 羊　イ 口　ウ 十　エ 工）
4 蒸（ア 艹　イ 水　ウ 子　エ 灬）
5 更（ア 曰　イ 人　ウ 大　エ ノ）
6 瞬（ア 爫　イ 冖　ウ 舛　エ 目）
7 域（ア 弋　イ 戈　ウ 口　エ 土）
8 戦（ア 𭕄　イ 戈　ウ 弋　エ 田）
9 殖（ア 十　イ 夕　ウ 歹　エ 目）
10 隣（ア 阝　イ 米　ウ 夕　エ 舛）

(六)

後の□内のひらがなを漢字に直して□に入れ、**対義語・類義語**を作れ。□内のひらがなは一度だけ使い、( )に**一字記入**せよ。 (20) 2×10

対義語

1 困難――□易 (　　)
2 劣等――□等 (　　)
3 減退――□進 (　　)
4 攻撃――□御 (　　)
5 寒冷――温□ (　　)

類義語

6 善戦――□闘 (　　)
7 及第――合□ (　　)
8 奇抜――突□ (　　)
9 風刺――□肉 (　　)
10 友好――□善 (　　)

(八)

文中の**四字熟語**の――線の**カタカナ**を**漢字**に直せ。( )に**一字記入**せよ。 (20) 2×10

1 科学者として**大器バン成**した。 (　　)
2 疲れきって**前後不カク**に眠りこむ。 (　　)
3 職を退いて**晴コウ雨読**の生活です。 (　　)
4 正座して**無念無ソウ**の境地に入った。 (　　)
5 強敵に**闘シ満々**で立ち向かう。 (　　)
6 彼は**新進気エイ**の作家だ。 (　　)
7 その場で**リン機応変**の処置をとる。 (　　)
8 日食は**天変地イ**の前兆ともいう。 (　　)
9 母は何かと**多ジ多端**の毎日だ。 (　　)
10 君は**前途有ボウ**な若人だ。 (　　)

(十)

次の――線の**カタカナ**を**漢字**に直せ。 (40) 2×20

1 集団生活の**キリツ**を守る。 (　　)
2 チームは**ユウセイ**を保っている。 (　　)
3 テレビドラマを**ロクガ**する。 (　　)
4 並外れた**ズノウ**の持ち主だ。 (　　)
5 列車が**ケイテキ**を鳴らした。 (　　)
6 コンピュータが**ゴサドウ**した。 (　　)
7 受賞の**シュクガ**会に招かれた。 (　　)
8 オリンピックの**セイカ**が燃え上がる。 (　　)
9 月は地球の**エイセイ**である。 (　　)
10 植樹祭に**コウタイシ**が出席された。 (　　)

かく・けん・しん・ぞう
だん・ひ・ぴ・ぼう
ゆう・よう

(七) 次の――線の**カタカナ**を**漢字一字**と**送りがな(ひらがな)**に直せ。 (10) 2×5

〈例〉 窓を**アケル**。(開ける)

1 警備をいっそう**キビシク**する。( )
2 高台に居を**カマエル**。( )
3 気性の**ハゲシイ**人だ。( )
4 取引の成立を**アヤブム**。( )
5 強い体力と精神力を**ヤシナウ**。( )

(九) 次の各文にまちがって使われている**同じ読みの漢字**が**一字**ある。**上に誤字**を、**下に正しい漢字**を記せ。 (10) 2×5

1 水辺に群生するヨシなどの植物は河川の水質保善に役立っている。( )( )
2 強気の直球勝負が功を奏し、無安打・無得点試合の快挙を成しとげた。( )( )
3 発表の準備を終えて、担当者から出番の連絡があるまで別室で対機する。( )( )
4 自動車事故を未前に防止するために安全装置に改良を加える。( )( )
5 転勤によって地方に転居した友人から久し振りの頼りが届いた。( )( )

11 神社の**ケイダイ**の梅が開花した。( )
12 特売場に人が**ムラ**がっている。( )
13 暑い夏の日が**テ**りつける。( )
14 芝生に寝**コロ**んで一休みした。( )
15 じっと**ユウヤ**けの雲を眺める。( )
16 外来語は**カタカナ**で表記する。( )
17 また、**オリ**を見てお会いしましょう。( )
18 敵に**ウシ**ろを見せるな。( )
19 狭い**ヘヤ**に閉じ込められた。( )
20 彼と会ったのは**キノウ**のことだ。( )

予想模擬テスト ⑬

解答には、常用《じょうよう》漢字の旧《きゅう》字体や表外漢字および常用漢字音訓表以外の読みを使ってはいけない。

時間 60分　合格点 140/200　得点

(一) 次の——線の読みをひらがなで記せ。 (30) 1×30

1 多彩な顔ぶれが集まった。（　　）
2 校舎の老朽化が進む。（　　）
3 脂肪の取り過ぎに注意する。（　　）
4 友の集中力には脱帽した。（　　）
5 若手の躍進はめざましい。（　　）
6 小説をドラマに脚色する。（　　）
7 国際平和の一翼をになう。（　　）
8 静かな水面に波紋が広がる。（　　）
9 人権の侵害だと訴えた。（　　）
10 サイレンが夜の静寂を破った。（　　）
11 資本の蓄積がものをいう。（　　）
12 最後までよく健闘した。（　　）
13 物騒な物を所持している。（　　）
14 ガラスの破片が飛び散った。（　　）

(二) 次の——線のカタカナにあてはまる漢字をそれぞれのア～オから一つ選び、記号で答えよ。 (30) 2×15

1 努力の成果を称サンする。（　　）
2 注意サン漫で事故を起こした。（　　）
3 戦争の悲サンさを認識する。（　　）
（ア 酸　イ 惨　ウ 賛　エ 散　オ 参）

4 厳重な警カイを要する。（　　）
5 橋脚のカイ修工事をする。（　　）
6 優勝の見込みはカイ無だ。（　　）
（ア 改　イ 介　ウ 戒　エ 回　オ 皆）

7 広報紙をヘン集している。（　　）
8 休日をヘン上してがんばる。（　　）
9 宇宙は広大無ヘンである。（　　）
（ア 変　イ 辺　ウ 返　エ 片　オ 編）

10 気力と体力をカね備える。（　　）
11 父にカわって出席した。（　　）
12 裏庭の雑草をカり取った。（　　）
（ア 借　イ 兼　ウ 替　エ 代　オ 刈）

(四) 熟語の構成のしかたには次のようなものがある。 (20) 2×10

ア 同じような意味の漢字を重ねたもの（**岩石**）
イ 反対または対応の意味を表す字を重ねたもの（**高低**）
ウ 上の字が下の字を修飾しているもの（**洋画**）
エ 下の字が上の字の目的語・補語になっているもの（**着席**）
オ 上の字が下の字の意味を打ち消しているもの（**非常**）

次の**熟語**は右の**ア～オ**のどれにあたるか、**一つ**選び、**記号**で答えよ。

1 歓喜（　　）
2 無恥（　　）
3 徴税（　　）
6 禁煙（　　）
7 勤務（　　）
8 繁茂（　　）

15 ただ傍観するしかなかった。（　　）
16 猛烈な勢いをもった台風だ。（　　）
17 景気は先細りの傾向だ。（　　）
18 討論会で弁舌をふるう。（　　）
19 時代に即応した考え方だ。（　　）
20 親会社に隷属する下うけ工場だ。（　　）
21 見事な離れ業に拍手した。（　　）
22 触らぬ神にたたりなし（　　）
23 交番で道を尋ねる。（　　）
24 前方にそびえる峰を目指す。（　　）
25 自然の趣を取り入れた庭園だ。（　　）
26 親に盾つくことはない。（　　）
27 カンバスに人物像を描く。（　　）
28 新聞に広告を載せる。（　　）
29 自らのあやまちを戒める。（　　）
30 三月に名残の雪が降った。（　　）

13 神経がエイ敏になる。（　　）
14 陰エイに富む名作だ。（　　）
15 お会いできて光エイです。（　　）
（ア 英　イ 鋭　ウ 映　エ 影　オ 栄）

(三) 1～5の三つの□に**共通する漢字**を入れて熟語を作れ。漢字は**ア～コ**から**一つ**選び、**記号**で答えよ。 (10) 2×5

1 □悪・□作・□暴（　　）
2 □読・清□・□報（　　）
3 □頭・□人・□額（　　）
4 □威・□限・特□（　　）
5 奇□・選□・□群（　　）

ア 貨	イ 朗	ウ 猛	エ 冒	オ 権
カ 抜	キ 極	ク 巨	ケ 襲	コ 凶

4 陰陽（　　）
5 国政（　　）
9 加減（　　）
10 脱皮（　　）

(五) 次の漢字の**部首**を**ア～エ**から**一つ**選び、**記号に○**をせよ。 (10) 1×10

1 霧（ア ⻗　イ 矛　ウ 攵　エ 力）
2 臓（ア 月　イ 臣　ウ 艹　エ 戈）
3 謡（ア 爫　イ 干　ウ 亠　エ 言）
4 盤（ア 舟　イ 皿　ウ 几　エ 殳）
5 奥（ア 大　イ 丿　ウ 冂　エ 米）
6 添（ア 氵　イ 大　ウ 小　エ ⺗）
7 響（ア 幺　イ 音　ウ 阝　エ 良）
8 菓（ア 艹　イ 日　ウ 一　エ 木）
9 刺（ア 木　イ 十　ウ 刂　エ 亅）
10 矛（ア 亅　イ ノ　ウ 丶　エ 矛）

(六)

後の□内のひらがなを漢字に直して□に入れ、**対義語・類義語**を作れ。□内のひらがなは一度だけ使い、( )に**一字記入**せよ。

(20) 2×10

対義語

1 冷却―加□ (　)
2 温和―乱□ (　)
3 攻撃―守□ (　)
4 地味―□手 (　)
5 権利―義□ (　)

類義語

6 繁栄―□況 (　)
7 熱狂―□奮 (　)
8 黙殺―無□ (　)
9 周到―□密 (　)
10 追憶―回□ (　)

(八)

文中の**四字熟語**の――線の**カタカナ**を**漢字**に直せ。( )に**一字記入**せよ。

(20) 2×10

1 ふだんから**不ゲン実行**を心がける。 (　)
2 単なる**外交ジ令**に過ぎない。 (　)
3 **ハク学多才**で有名な評論家だ。 (　)
4 結束しているようだが**同床異ム**だ。 (　)
5 神社の**故事来レキ**に詳しい。 (　)
6 **美辞麗ク**を散りばめたスピーチだ。 (　)
7 **空前ゼツ後**の大偉業であった。 (　)
8 山積する**無理難ダイ**と取り組む。 (　)
9 科学技術は**日進月ポ**の時代だ。 (　)
10 発表日を**一日千シュウ**の思いで待つ。 (　)

(十)

次の――線の**カタカナ**を**漢字**に直せ。

(40) 2×20

1 **コウシ**混同してはいけません。 (　)
2 まだ幼いが**リハツ**な子どもだ。 (　)
3 世界**イサン**に登録された。 (　)
4 弟の**タンジョウ**日のお祝いをした。 (　)
5 海外を旅して**シヤ**を広げる。 (　)
6 腕と**ドキョウ**はだれにも負けない。 (　)
7 人権**ソンチョウ**の心を育てる。 (　)
8 事故で**フショウ**者が出た。 (　)
9 対外**ボウエキ**が順調にいっている。 (　)
10 書類に**インカン**を押して提出する。 (　)

こう・し・せい・そう
ねつ・は・び・ぼう
む・めん

(七) 次の――線の**カタカナ**を**漢字一字**と**送りがな**(**ひらがな**)に直せ。 (10) 2×5

〈例〉 窓を**アケル**。(開ける)

1 西の空が赤みを**オビル**。( )
2 延長戦はいつ**ハテル**とも知れない。( )
3 一つ一つ**コマカク**調べ直す。( )
4 室内はしんと**シズマリ**返っていた。( )
5 規約に**シタガッ**て総会を開く。( )

(九) 次の各文にまちがって使われている**同じ読みの漢字**が**一字**ある。**上に誤字**を、**下に正しい漢字**を記せ。 (10) 2×5

1 戦火で荒れ果てた国土の復構に、国際機関が支援活動をしている。( )( )
2 試合後、観客は温かい拍手を送って両チームの堅闘をたたえた。( )( )
3 地域文化の向上と発展に対する功跡をたたえて感謝状が贈られた。( )( )
4 営業方針の改革による人事移動で地方の支店に転勤することになった。( )( )
5 駅前の交差点を左折し、幹線道路に添って南行してください。( )( )

11 日の丸の**ハタ**を振って迎える。( )
12 長い髪を一つに**タバ**ねる。( )
13 校庭の**サクラ**も満開だ。( )
14 これで**オンガエ**しもできた。( )
15 幼い**チ**飲み子を抱いている。( )
16 外は**コナ**雪が舞っている。( )
17 相手のミスで勝ちを**ヒロ**った。( )
18 子供用の席を別に**モウ**ける。( )
19 全国から多くの署名が**ヨ**せられた。( )
20 休みには父の**イナカ**に帰る。( )

予想模擬テスト 14

解答には、常用《じょうよう》漢字の旧《きゅう》字体や表外漢字および常用漢字音訓表以外の読みを使ってはいけない。

時間 60分
合格点 140/200
得点

(一) 次の――線の**読み**を**ひらがな**で記せ。 (30) 1×30

1 偉容を誇る富士の雄姿を望む。（　　）
2 会館建設に巨費を投じる。（　　）
3 勝負は一瞬にしてついた。（　　）
4 盛り場の雑踏に迷い込んだ。（　　）
5 冬期は空気が乾燥する。（　　）
6 昔は薪炭商を営んでいた。（　　）
7 駅前通りに店舗を構える。（　　）
8 救命胴衣は座席の下にある。（　　）
9 ラクダが砂丘を越えていく。（　　）
10 会場周辺の警戒を強める。（　　）
11 不正行為は黙認できない。（　　）
12 激しい雷雨に見舞われた。（　　）
13 大学で法学を専攻している。（　　）
14 部下に汚名を着せる。（　　）

(二) 次の――線の**カタカナ**にあてはまる漢字をそれぞれの**ア～オ**から**一つ**選び、**記号**で答えよ。 (30) 2×15

1 伝統工芸の技法を**ケイ**承する。（　　）
2 自然の恩**ケイ**に浴する。（　　）
3 和様建築の典**ケイ**だ。（　　）
（ア 恵　イ 継　ウ 傾　エ 型　オ 形）

4 港から**ム**笛が聞こえてくる。（　　）
5 話の前後が**ム**盾している。（　　）
6 お祭りに**ム**者行列が出た。（　　）
（ア 務　イ 霧　ウ 夢　エ 武　オ 矛）

7 仏教は中国を経て**ト**来した。（　　）
8 道に迷って**ト**方にくれる。（　　）
9 青息**ト**息の状態だ。（　　）
（ア 途　イ 図　ウ 渡　エ 徒　オ 吐）

10 いかなる責めも**カン**受する。（　　）
11 勝利を祝って**カン**杯した。（　　）
12 発**カン**作用のある薬を飲む。（　　）
（ア 乾　イ 勧　ウ 甘　エ 干　オ 汗）

(四) **熟語の構成**のしかたには次のようなものがある。 (20) 2×10

ア 同じような意味の漢字を重ねたもの （**岩石**）
イ 反対または対応の意味を表す字を重ねたもの （**高低**）
ウ 上の字が下の字を修飾しているもの （**洋画**）
エ 下の字が上の字の目的語・補語になっているもの （**着席**）
オ 上の字が下の字の意味を打ち消しているもの （**非常**）

次の**熟語**は右の**ア～オ**のどれにあたるか、**一つ**選び、**記号**で答えよ。

1 舞踊（　　）
2 寝床（　　）
3 淡雪（　　）
6 曇天（　　）
7 耐火（　　）
8 離脱（　　）

15 名前の横に押印した。（　）
16 会則変更の是非を問う。（　）
17 話の結末は悲恋に終わった。（　）
18 無理難題に困惑している。（　）
19 新郎新婦の入場です。（　）
20 天から賦与された才能をのばす。（　）
21 金づちの柄が折れた。（　）
22 流星が夏の夜空を斜めに走った。（　）
23 昨夜はぐっすり眠れた。（　）
24 自ら省みて恥じる事はない。（　）
25 切れ味が少し鈍ってきた。（　）
26 痛くもない腹を探られる。（　）
27 秋の稲刈りもすませた。（　）
28 我が身の不運を嘆く。（　）
29 文句を言うのは筋違いだ。（　）
30 人から意気地なしと言われたくない。（　）

13 手紙に写真をソえて送る。（　）
14 体をソらして体操する。（　）
15 桜の花も咲きソめるころだ。（　）

（ア 沿　イ 反　ウ 添　エ 初　オ 染）

（三） 1～5の三つの□に**共通する漢字**を入れて熟語を作れ。漢字は**ア～コ**から**一つ**選び、**記号**で答えよ。 (10) 2×5

1 □害・□真・圧□（　）
2 散□・□遊・□画（　）
3 □点・根□・証□（　）
4 余□・地□・□度（　）
5 特□・象□・追□金（　）

ア 徴	イ 被	ウ 漫	エ 汚	オ 暇
カ 典	キ 震	ク 髪	ケ 拠	コ 迫

4 噴火（　）
5 執筆（　）
9 無精（　）
10 断念（　）

（五） 次の漢字の**部首**を**ア～エ**から**一つ**選び、**記号に○**をせよ。 (10) 1×10

1 壁（ア 尸　イ 立　ウ 口　エ 土）
2 烈（ア 一　イ 夕　ウ 刂　エ 灬）
3 賦（ア 二　イ 止　ウ 貝　エ 弋）
4 署（ア 罒　イ 皿　ウ 土　エ 日）
5 突（ア 冖　イ 宀　ウ 穴　エ 大）
6 猛（ア 犭　イ 子　ウ 皿　エ 罒）
7 尾（ア ノ　イ 厂　ウ 尸　エ 毛）
8 玄（ア 丶　イ 亠　ウ 幺　エ 玄）
9 秀（ア 丿　イ 禾　ウ 木　エ 十）
10 微（ア 亻　イ 彳　ウ 山　エ 攵）

(六) 後の□内のひらがなを漢字に直して□に入れ、**対義語**・**類義語**を作れ。□内のひらがなは一度だけ使い、（　）に**一字記入**せよ。　(20) 2×10

対義語

1 開放 ― □鎖　（　　）
2 返却 ― □用　（　　）
3 回避 ― □面　（　　）
4 逃亡 ― □跡　（　　）
5 質疑 ― □答　（　　）

類義語

6 性分 ― 気□　（　　）
7 変更 ― □定　（　　）
8 精進 ― □力　（　　）
9 応援 ― 加□　（　　）
10 内心 ― □中　（　　）

(八) 文中の**四字熟語**の――線の**カタカナ**を**漢字**に直せ。（　）に**一字記入**せよ。　(20) 2×10

1 初優勝して**狂喜ラン舞**した。（　　）
2 当選の知らせを**半信半ギ**で聞いた。（　　）
3 選手の実力は**玉石コン交**の状態だ。（　　）
4 ひたすら**平身低トウ**して謝った。（　　）
5 店員を**適ザイ適所**に配置する。（　　）
6 **西コウ東低**で冬型の気圧配置だ。（　　）
7 人は皆、**有為テン変**の世界を生きる。（　　）
8 今後も**一意セン心**、努力します。（　　）
9 漫才を聞いて**抱フク絶倒**した。（　　）
10 **一知半カイ**の知識で恥をかいた。（　　）

(十) 次の――線の**カタカナ**を**漢字**に直せ。　(40) 2×20

1 全員が**ダンケツ**して戦う。（　　）
2 機械の**コショウ**で停止した。（　　）
3 母は**ハイク**の会に入っている。（　　）
4 観光バスの**ザセキ**は確保できた。（　　）
5 駅の売店で**シュウカンシ**を買った。（　　）
6 身体測定で**キョウイ**を測る。（　　）
7 事故の**ショリ**に手間どった。（　　）
8 海外旅行の**ニッテイ**が決まった。（　　）
9 文化祭の**ジュンビ**で忙しい。（　　）
10 会社の職員で**ソシキ**された団体だ。（　　）

おう・かい・きょう・しつ
しゃく・せい・ちょく
つい・ど・へい

(七) 次の――線のカタカナを**漢字一字**と**送りがな（ひらがな）**に直せ。 (10) 2×5

〈例〉 窓を**アケル**。（開ける）

1 門前町として町が**サカエル**。（　　）
2 卒業後は**ヒサシク**会っていない。（　　）
3 問題の完全解決は**ムズカシイ**。（　　）
4 秒針がせわしく時を**キザム**。（　　）
5 料理が**サメル**と味が落ちる。（　　）

(九) 次の各文にまちがって使われている**同じ読みの漢字**が**一字**ある。**上に誤字**を、**下に正しい漢字**を記せ。 (10) 2×5

1 世界遺産とは人類全体が協有すべき貴重な文化・自然遺産をいう。（　　）（　　）
2 事故の詳しい状況と原因が般明すれば改めて公表します。（　　）（　　）
3 放課後の練習が終わって、用具等の後仕末と当日の反省をして帰宅する。（　　）（　　）
4 卒業生の輝かしい角出を祝って、学校の講堂で送別会が開かれた。（　　）（　　）
5 予選で自個の最高記録を更新し、決勝での上位入賞が期待されている。（　　）（　　）

11 十年ぶりに**オサナ**なじみと会った。（　　）
12 急な話なので**コトワ**った。（　　）
13 運河に**ソ**った道を行く。（　　）
14 祝勝会は大いに**モ**り上がった。（　　）
15 勉強**ヅクエ**を買ってもらった。（　　）
16 返事がないので**コマ**っている。（　　）
17 裁判は**オオヤケ**の場で行われる。（　　）
18 感動して**メガシラ**が熱くなった。（　　）
19 思わぬ惨事に顔を**ソム**ける。（　　）
20 これでお別れとはお**ナゴリ**おしい。（　　）

予想模擬テスト 15

解答には、常用《じょうよう》漢字の旧《きゅう》字体や表外漢字および常用漢字音訓表以外の読みを使ってはいけない。

時間 60分

合格点 140/200

得点

（一）

次の——線の**読み**を**ひらがな**で記せ。 (30) 1×30

1 読書から受ける影響は大きい。（　）
2 加工食品に甘味料を添える。（　）
3 車間距離をとって運転する。（　）
4 クラス対抗の試合に出た。（　）
5 盛んな応援で士気を鼓舞する。（　）
6 会誌の原稿ができ上がった。（　）
7 この犬は柔順な性質だ。（　）
8 富士の秀麗な山容を望む。（　）
9 突然のことでびっくり仰天した。（　）
10 会議で奇抜なアイデアが続出した。（　）
11 日本で越冬するツバメは数少ない。（　）
12 海水は塩分を含有している。（　）

（二）

次の——線の**カタカナ**にあてはまる漢字をそれぞれの**ア〜オ**から**一つ**選び、**記号**で答えよ。 (30) 2×15

1 パソコンは広く普**キュウ**した。（　）
2 真相を**キュウ**明する。（　）
3 **キュウ**世主が現れる。（　）

（ア 及　イ 久　ウ 級　エ 究　オ 救）

4 新製品の**ハン**路を拡大する。（　）
5 大入り満員で大**ハン**盛だ。（　）
6 将来は**ハン**画家を目指す。（　）

（ア 般　イ 繁　ウ 版　エ 販　オ 判）

7 実現性のない**キ**上の空論である。（　）
8 **キ**難が身に迫る。（　）
9 神前で合格を**キ**願する。（　）

（ア 祈　イ 危　ウ 机　エ 奇　オ 鬼）

（四）

熟語の構成のしかたには次のようなものがある。 (20) 2×10

ア 同じような意味の漢字を重ねたもの　（**岩石**）
イ 反対または対応の意味を表す字を重ねたもの　（**高低**）
ウ 上の字が下の字を修飾しているもの　（**洋画**）
エ 下の字が上の字の目的語・補語になっているもの　（**着席**）
オ 上の字が下の字の意味を打ち消しているもの　（**非常**）

次の**熟語**は右の**ア〜オ**のどれにあたるか、**一つ**選び、**記号**で答えよ。

1 波紋（　）
2 未踏（　）
3 提案（　）
6 製菓（　）
7 闘志（　）
8 得失（　）

13 検察庁に告訴状を提出する。
14 あまりの仕打ちに激怒した。
15 慢心はしても増長するな。
16 とんとん拍子に事が運んだ。
17 犯人は国外に逃亡した。
18 浜辺に魚網が干してある。
19 断じて行えば鬼神もこれを避く
20 昨夜からの吹雪がやまない。
21 昔は殿様が国を治めていた。
22 ハチに刺された。
23 日照り続きで草花が枯れた。
24 失敗を恐れずにやりとげる。
25 あまりの寒さに震えあがる。
26 腰が抜けるほどびっくりした。
27 部屋が狭くて勝手が悪い。
28 もらった子犬は雄だった。
29 木綿の下着をつけている。
30 参道には玉砂利が敷かれている。

10 お金にはタン泊なほうだ。
11 ひそかにタン声をもらした。
12 悪だくみに荷タンした。
（ア 端　イ 淡　ウ 探　エ 嘆　オ 担）

13 日々のクらしは楽でない。
14 二度と失敗をクり返すな。
15 古木が倒れてクちている。
（ア 繰　イ 来　ウ 朽　エ 暮　オ 食）

(三) 1～5の三つの□に**共通する漢字**を入れて熟語を作れ。漢字は**ア～コ**から**一つ**選び、**記号**で答えよ。 (10) 2×5

1 新□・□敏・□利
2 交□・代□・両□
3 警□・予□・□蓄
4 転□・□壊・打□
5 装□・服□・修□

ア 備	イ 置	ウ 機	エ 鋭	オ 替
カ 興	キ 倒	ク 戒	ケ 飾	コ 互

4 思慮
5 増減
9 精読
10 完熟

(五) 次の漢字の**部首**を**ア～エ**から**一つ**選び、**記号に○**をせよ。 (10) 1×10

1 甘（ア 一　イ 二　ウ 甘　エ 凵）
2 尊（ア 八　イ 一　ウ 西　エ 寸）
3 就（ア 亠　イ 口　ウ 小　エ 尢）
4 盾（ア 丿　イ 十　ウ 目　エ 厂）
5 朱（ア 木　イ 牛　ウ 二　エ 十）
6 尋（ア 一　イ 工　ウ 口　エ 寸）
7 乗（ア 丿　イ 二　ウ 十　エ 木）
8 鎖（ア ⺌　イ 金　ウ 目　エ 貝）
9 慮（ア 卜　イ 虍　ウ 田　エ 心）
10 穀（ア 士　イ 禾　ウ 殳　エ 冖）

（六） 後の□内のひらがなを漢字に直して□に入れ、対義語・類義語を作れ。□内のひらがなは一度だけ使い、（　）に一字記入せよ。 (20) 2×10

対義語

1 積極―□極（　）
2 基本―□用（　）
3 出発―到□（　）
4 集合―□散（　）
5 相対―□対（　）

類義語

6 専有―□占（　）
7 不意―突□（　）
8 露見―発□（　）
9 普段―日□（　）
10 隷属―□従（　）

（八） 文中の四字熟語の――線のカタカナを漢字に直せ。（　）に一字記入せよ。 (20) 2×10

1 合格の知らせにハ顔一笑した。（　）
2 事件は急転チョッ下の解決をみた。（　）
3 古都の名所キュウ跡を案内する。（　）
4 大自然は適者生ゾンの世界である。（　）
5 趣味と実益があって一キョ両得だ。（　）
6 本腰をすえて熟慮ダン行する。（　）
7 物事の理非キョク直をわきまえる。（　）
8 両者のリ害得失は相半ばしている。（　）
9 因果応ホウは世の習いともいう。（　）
10 リーダーとしてソッ先垂範する。（　）

（十） 次の――線のカタカナを漢字に直せ。 (40) 2×20

1 日本国ケンポウの前文を読む。（　）
2 近隣諸国がドウメイを結ぶ。（　）
3 人気のチョウテンに立つ歌手だ。（　）
4 良い考えがノウリに浮かんだ。（　）
5 結局はムヨクの勝利となった。（　）
6 横浜をケイユして東京に行く。（　）
7 制度のカイカクに着手する。（　）
8 びんに入ったエキタイを検査する。（　）
9 観光案内の小サッシを配布する。（　）
10 月別雨量のトウケイをとる。（　）

おう・かい・かく・しょう
じょう・ぜっ・ぜん・どく
ちゃく・ふく

(七) 次の——線の**カタカナ**を**漢字一字**と**送りがな(ひらがな)**に直せ。 (10) 2×5

〈例〉 窓を**アケル**。(開ける)

1 借入金で赤字を**オギナウ**。( )
2 **シタシイ**仲でも礼儀は必要だ。( )
3 迷惑をかけた相手に**アヤマル**。( )
4 強敵を一気に**シリゾケ**た。( )
5 図書館で偉人の伝記を**カリル**。( )

(九) 次の各文にまちがって使われている**同じ読みの漢字**が**一字**ある。**上に誤字**を、**下に正しい漢字**を記せ。 (10) 2×5

1 遺伝子工学の進歩によって動植物の品種改良や新種の開発が可納になる。( )( )
2 信号のない交差点では一時停止をし、左右の安全を覚認して発進する。( )( )
3 疲労した体を回副させる最良の手段は栄養の補給と休眠にある。( )( )
4 若いころの創作日誌や下絵など、作家の遺品が記念館に収贈された。( )( )
5 河川の生態系に悪影響を及ぼす外来魚の生息調差の結果が報告された。( )( )

11 お弁当にゆで**タマゴ**が入っていた。( )
12 病院で**イ**の検査を受けた。( )
13 申し出を**ココロヨ**く引き受けた。( )
14 一家の生活を**ササ**える。( )
15 難問がやっと**ト**けた。( )
16 毛糸の手袋を**ア**んでいる。( )
17 健康を**タモ**つように心がけている。( )
18 昔から鮮魚商を**イトナ**んでいる。( )
19 旅のお**ミヤゲ**を買って帰る。( )
20 新しい**メガネ**に買いかえた。( )

資料 常用漢字表・付表

覚えておきたい熟字訓・当て字訓

（○印は、どの時点で学習するかを示す）

漢字	読み	小学	中学	高校
明日	あす	○		
小豆	あずき		○	
海女・海士	あま			○
硫黄	いおう		○	
意気地	いくじ		○	
田舎	いなか		○	
息吹	いぶき			○
海原	うなばら		○	
乳母	うば		○	
浮気	うわき			○
浮つく	うわつく		○	
笑顔	えがお		○	
叔父・伯父	おじ		○	
大人	おとな	○		
乙女	おとめ		○	
叔母・伯母	おば		○	
お巡りさん	おまわりさん		○	
お神酒	おみき			○
母屋・母家	おもや			○
母さん	かあさん	○		
神楽	かぐら			○
河岸	かし			○
鍛冶	かじ		○	
風邪	かぜ		○	
固唾	かたず		○	
仮名	かな		○	
蚊帳	かや			○
為替	かわせ		○	
河原・川原	かわら	○		
昨日	きのう	○		
今日	きょう	○		
果物	くだもの	○		
玄人	くろうと			○
今朝	けさ	○		
景色	けしき	○		
心地	ここち		○	
居士	こじ			○
今年	ことし	○		
早乙女	さおとめ		○	
雑魚	ざこ			○
桟敷	さじき			○
差し支える	さしつかえる		○	
五月	さつき		○	
早苗	さなえ		○	
五月雨	さみだれ		○	
時雨	しぐれ		○	
尻尾	しっぽ		○	
竹刀	しない		○	
老舗	しにせ		○	
芝生	しばふ		○	
清水	しみず	○		
三味線	しゃみせん		○	
砂利	じゃり		○	
数珠	じゅず			○

上手	じょうず	○		
白髪	しらが		○	
素人	しろうと			○
師走	しわす（しはす）			○
数寄屋・数奇屋	すきや			○
相撲	すもう		○	
草履	ぞうり		○	
山車	だし			○
太刀	たち		○	
立ち退く	たちのく		○	
七夕	たなばた	○		
足袋	たび		○	
稚児	ちご			○
一日	ついたち	○		
築山	つきやま			○
梅雨	つゆ		○	
凸凹	でこぼこ		○	
手伝う	てつだう	○		
伝馬船	てんません			○
投網	とあみ			○
父さん	とうさん	○		
十重二十重	とえはたえ			○
読経	どきょう			○
時計	とけい	○		
友達	ともだち	○		
仲人	なこうど			○
名残	なごり		○	
雪崩	なだれ		○	
兄さん	にいさん	○		
姉さん	ねえさん	○		
野良	のら			○

祝詞	のりと			○
博士	はかせ	○		
二十・二十歳	はたち		○	
二十日	はつか	○		
波止場	はとば		○	
一人	ひとり	○		
日和	ひより		○	
二人	ふたり	○		
二日	ふつか	○		
吹雪	ふぶき		○	
下手	へた	○		
部屋	へや	○		
迷子	まいご	○		
真面目	まじめ	○		
真っ赤	まっか	○		
真っ青	まっさお	○		
土産	みやげ		○	
息子	むすこ		○	
眼鏡	めがね	○		
猛者	もさ			○
紅葉	もみじ		○	
木綿	もめん		○	
最寄り	もより		○	
八百長	やおちょう			○
八百屋	やおや	○		
大和	やまと		○	
弥生	やよい		○	
浴衣	ゆかた			○
行方	ゆくえ		○	
寄席	よせ			○
若人	わこうど		○	

「日本漢字能力検定」の受検の申し込み方法や検定実施日など，検定の詳細につきましては，「日本漢字能力検定協会」のホームページなどをご参照ください。
また，本書に関する最新情報は，当社ホームページにある**本書の「サポート情報」**をご覧ください。(開設していない場合もございます。)

漢字検定 4級 ピタリ！予想模試〔三訂版〕

編著者　絶対合格プロジェクト
発行者　岡本明剛
印刷所　寿印刷

発行所　受験研究社

〒550-0013 大阪市西区新町2丁目19番15号
注文・不良品などについて：(06)6532-1581(代表)／本の内容について：(06)6532-1586(編集)

Printed in Japan　高廣製本
落丁・乱丁本はお取り替えします。

ひっぱると，はずして使えます。

漢字検定

ピタリ！

予想模試 4級

解答編

予想模擬テスト❶

標準解答

2ページ～5ページ

(一) 読み (30)

1	2	3	4	5	6	7	8	9	10	11	12	13	14	15
かんしょう	ふきゅう	じっきょう	きんえん	かいきん	くじょ	じゅんし	げじゅん	むじゅん	しょうさん	れんさい	ごうせい	しゅうねん	しょうきゃく	ようしょく

(二) 同音・同訓異字 (30)

1	2	3	4	5	6	7	8	9	10	11	12	13	14	15
ウ	ア	オ	オ	ウ	イ	ウ	ア	エ	ア	イ	エ	ア	オ	エ

(四) 熟語の構成 (20)

1	2	3	4	5	6	7	8	9	10
ア	エ	ウ	ア	オ	ア	イ	エ	ウ	イ

(六) 対義語・類義語 (20)

1	2	3	4	5	6	7	8	9	10
重	経	設	逆	過	段	筋	将	周	看

(八) 四字熟語 (20)

1	2	3	4	5	6	7	8	9	10
満	算	諸	有	転	回	科	腹	休	問

(十) 書き取り (40)

1	2	3	4	5	6	7	8	9	10
評価	演奏	服装	留学	極秘	出荷	領収	複雑	危険	姿勢

16	17	18	19	20	21	22	23	24	25	26	27	28	29	30
してき	かしょ	とうちゃく	ひっち	こうたく	いく	す	ぼんおど	あつか	の	おく	きりさめ	はら	みやげ	わた

（三）漢字識別　(10)

1	2	3	4	5
エ	ク	カ	イ	ケ

（五）部首　(10)

1	2	3	4	5	6	7	8	9	10
エ（ぶた・いのこ）	ウ（ぎょうにんべん）	イ（にく）	ウ（おんな）	ウ（にくづき）	ア（おうへん・たまへん）	イ（くさかんむり）	ウ（ほこづくり・ほこがまえ）	ウ（ふるとり）	エ（のぶん・ぼくづくり）

（七）漢字と送りがな　(10)

1	2	3	4	5
志し	快く	確かめる	冷た	極め

（九）誤字訂正　(10)

	1	2	3	4	5
誤	介	更	分	舗	慢
正	開	好	聞	歩	満

11	12	13	14	15	16	17	18	19	20
済	忘	耕	訪	供	空似	研	芽	除	若人

予想模擬テスト❷

標準解答

6ページ～9ページ

(一) 読み (30)

1	2	3	4	5	6	7	8	9	10	11	12	13	14	15
よか	こうれい	いらい	びんわん	そっちょく	けいい	かんせい	かいたく	はんにゅう	めいわく	はんい	きじょう	かくとく	えいよ	そうい

(二) 同音・同訓異字 (30)

1	2	3	4	5	6	7	8	9	10	11	12	13	14	15
ア	ウ	イ	オ	エ	ウ	イ	ウ	ア	オ	エ	ウ	エ	ア	イ

(四) 熟語の構成 (20)

1	2	3	4	5	6	7	8	9	10
ウ	イ	オ	エ	エ	ウ	エ	オ	ア	エ

(六) 対義語・類義語 (20)

1	2	3	4	5	6	7	8	9	10
健	縮	厳	損	退	冷	素	富	老	快

(八) 四字熟語 (20)

1	2	3	4	5	6	7	8	9	10
故	刻	固	想	深	消	両	危	放	専

(十) 書き取り (40)

1	2	3	4	5	6	7	8	9	10
熟練	劇場	単純	貴重	警報	批判	拡張	簡潔	訪問	展示

16	17	18	19	20	21	22	23	24	25	26	27	28	29	30
あくしゅ	かんきょう	せんめい	ぶよう	きおく	ひた	おか	そむ	とまど	だま	かく	さといも	けむ	おく	ここち（ごこち）

(三) 漢字識別 (10)

1	2	3	4	5
カ	イ	コ	ウ	ケ

(五) 部首 (10)

1	2	3	4	5	6	7	8	9	10
ウ（ほこづくり・ほこがまえ）	エ（ふるとり）	ア（さむらい）	イ（ひ）	エ（つのへん）	イ（すん）	ア（くるまへん）	ア（む）	ウ（あみがしら・あみめ・よこめ）	ア（ふしづくり・わりふ）

(七) 漢字と送りがな (10)

1	2	3	4	5
温かい	改める	軽やかに	甘んじる	化かす

(九) 誤字訂正 (10)

	1	2	3	4	5
誤	添	体	溶	旨	各
正	点	帯	解	指	格

11	12	13	14	15	16	17	18	19	20
素足	吸	射	伸（延）	築	頂	刷	預	危	就

予想模擬テスト③

標準解答

10ページ～13ページ

(一) 読み (30)

15	14	13	12	11	10	9	8	7	6	5	4	3	2	1
けいしょう	はっくつ	ぎきょく	くし	えんぐみ	はんも	ぜつみょう	たぼう	ゆうだい	いじ	しょうかい	しゅし	えんご	くっし	やくしん

(二) 同音・同訓異字 (30)

15	14	13	12	11	10	9	8	7	6	5	4	3	2	1
オ	ア	ウ	ア	エ	ウ	エ	イ	オ	イ	ウ	ア	ウ	ア	オ

(四) 熟語の構成 (20)

10	9	8	7	6	5	4	3	2	1
ウ	ウ	イ	ア	エ	エ	オ	ウ	ア	イ

(六) 対義語・類義語 (20)

10	9	8	7	6	5	4	3	2	1
回	績	弁	盤	最	臨	費	留	始	退

(八) 四字熟語 (20)

10	9	8	7	6	5	4	3	2	1
欲	雑	跡	賛	里	転	我	乱	投	散

(十) 書き取り (40)

10	9	8	7	6	5	4	3	2	1
操作	段階	模写	磁石	運賃	往復	対策	徐行	専念	本望

16	17	18	19	20	21	22	23	24	25	26	27	28	29	30
しがいせん	いさい	ふしょく	ほかく	ひがん	かた	せま	おと	おごそ	にぎ	おか	ひとつぶ	め	ほこさき	つか

(三) 漢字識別 (10)

1	2	3	4	5
ク	ウ	エ	オ	コ

(五) 部首 (10)

1	2	3	4	5	6	7	8	9	10
ウ(き)	ア(つちへん)	エ(やまいだれ)	イ(にんべん)	エ(れんが・れっか)	ア(うかんむり)	イ(さんづくり)	ウ(くにがまえ)	ウ(こころ)	イ(いと)

(七) 漢字と送りがな (10)

1	2	3	4	5
明らかだ	散らかし	比べて	幼い	覚める

(九) 誤字訂正 (10)

	1	2	3	4	5
誤	操	型	感	点	考
正	想	固	観	転	航

11	12	13	14	15	16	17	18	19	20
針	激	基	額	温	暴	奮	探	軽	最寄

(一) 読み (30)

1	2	3	4	5	6	7	8	9	10	11	12	13	14	15
しんこう	どくせん	まんさい	はんきょう	はけん	いちまんえん	きょうたん	せいふく	らんがい	こうたい	しんちょう	しんとう	へんこう	しゃめん	びょうしゃ

(二) 同音・同訓異字 (30)

1	2	3	4	5	6	7	8	9	10	11	12	13	14	15
イ	オ	ウ	エ	オ	イ	ウ	エ	イ	ウ	ア	オ	エ	ウ	イ

(四) 熟語の構成 (20)

1	2	3	4	5	6	7	8	9	10
エ	イ	ウ	ア	エ	ア	ウ	ウ	イ	オ

(六) 対義語・類義語 (20)

1	2	3	4	5	6	7	8	9	10
盟	統	静	従	減	角	快	補	神	逆

(八) 四字熟語 (20)

1	2	3	4	5	6	7	8	9	10
周	縦	争	発	網	状	昼	欠	危	温

(十) 書き取り (40)

1	2	3	4	5	6	7	8	9	10
支給	視野	郷里	領域	郵便	断固	精進	宇宙	鋼鉄	著作

16	17	18	19	20	21	22	23	24	25	26	27	28	29	30
しょうさい	だくりゅう	かんてい	しせき	じびか	さか	つつし	ほこ	さび	あせ	す	つゆ	と	しばふ	ひより

(三) 漢字識別 (10)

1	2	3	4	5
エ	ク	イ	ケ	ウ

(五) 部首 (10)

1	2	3	4	5	6	7	8	9	10
エ（ほこづくり・ほこがまえ）	エ（くち）	ア（はね）	エ（ひき）	ア（てへん）	エ（のぶん・ぼくづくり）	エ（て）	イ（ひ）	イ（つちへん）	ア（つち）

(七) 漢字と送りがな (10)

1	2	3	4	5
群がる	望ましい	反らす	最も	授ける

(九) 誤字訂正 (10)

	1	2	3	4	5
誤	起	即	傍	段	買
正	期	速	防	断	飼

11	12	13	14	15	16	17	18	19	20
届	骨身	染	値引	暮	注	試	納	優	五月

予想模擬テスト⑤ 標準解答

18ページ〜21ページ

(一) 読み (30)

1	2	3	4	5	6	7	8	9	10	11	12	13	14	15
おんけい	しんけん	けんじ	ていはく	とこう	たいきゅう	ばつぐん	ちりょう	じょばん	きしょう	じん	げっぷ	たきぎのう	みんよう	わんしょう

(二) 同音・同訓異字 (30)

1	2	3	4	5	6	7	8	9	10	11	12	13	14	15
ア	イ	エ	ウ	オ	ア	エ	イ	ウ	オ	エ	ウ	ア	イ	ウ

(四) 熟語の構成 (20)

1	2	3	4	5	6	7	8	9	10
エ	イ	ア	オ	ウ	ア	イ	ウ	エ	ウ

(六) 対義語・類義語 (20)

1	2	3	4	5	6	7	8	9	10
禁	飼	遠	簡	失	脈	警	負	貯	囲

(八) 四字熟語 (20)

1	2	3	4	5	6	7	8	9	10
鳥	散	動	明	賞	考	処	異	難	頭

(十) 書き取り (40)

1	2	3	4	5	6	7	8	9	10
尊重	収集	参拝	就任	基準	討議	性分	墓穴	蒸発	綿密

16	17	18	19	20	21	22	23	24	25	26	27	28	29	30
はんげき	こうい	かんさ	へいさ	ていこう	かわ	はず	つ	に	おく	あわ	つばさ	しまかげ	うつわ	さみだれ

(三) 漢字識別 (10)

1	2	3	4	5
ク	ウ	エ	ケ	コ

(五) 部首 (10)

1	2	3	4	5	6	7	8	9	10
エ（げん）	ウ（すきへん・らいすき）	ウ（よう・いとがしら）	イ（さら）	ウ（りっとう）	エ（ひ）	エ（ほこづくり・るまた）	ア（ふるとり）	ウ（かい・こがい）	ウ（こざとへん）

(七) 漢字と送りがな (10)

1	2	3	4	5
豊かな	幸い	勢い	裁く	率い

(九) 誤字訂正 (10)

	1	2	3	4	5
誤	鎖	生	足	科	創
正	差	成	垂	課	想

11	12	13	14	15	16	17	18	19	20
構	盛	技	捨	乱	招	音色	推	授	小豆

予想模擬テスト 6

標準解答

22ページ～25ページ

(一) 読み (30)

1	2	3	4	5	6	7	8	9	10	11	12	13	14	15
かんげい	ひがい	しょうほう	じんもん	ひふ	ちょうきょり	れんぽう	たぼう	がんぺき	はくしゃ	しゅん	はんしょく	どうとう	のうむ	しりょ

(二) 同音・同訓異字 (30)

1	2	3	4	5	6	7	8	9	10	11	12	13	14	15
イ	オ	ウ	エ	ウ	オ	エ	ウ	イ	オ	イ	ウ	ア	ウ	エ

(四) 熟語の構成 (20)

1	2	3	4	5	6	7	8	9	10
エ	ア	エ	エ	エ	ウ	ウ	イ	ア	オ

(六) 対義語・類義語 (20)

1	2	3	4	5	6	7	8	9	10
借	希	納	易	好	的	頭	夫	値	栄

(八) 四字熟語 (20)

1	2	3	4	5	6	7	8	9	10
電	息	喜	門	生	束	異	帯	言	鏡

(十) 書き取り (40)

1	2	3	4	5	6	7	8	9	10
招待	内閣	署名	資源	独創	習慣	規模	散乱	由来	至極

16	17	18	19	20	21	22	23	24	25	26	27	28	29	30
ひさん	りょうしょう	ゆうが	あっとう	けいだい	か	さび	く	となり	まさ	のが	かえり	うで	さわのぼ	むすこ

(三) 漢字識別 (10)

1	2	3	4	5
エ	ア	コ	ウ	ク

(五) 部首 (10)

1	2	3	4	5	6	7	8	9	10
イ（ふしづくり・わりふ）	ア（うまへん）	ウ（やまへん）	ウ（つち）	ウ（いたる）	ア（うかんむり）	エ（はばへん・きんべん）	ア（くさかんむり）	イ（つち）	エ（だい）

(七) 漢字と送りがな (10)

1	2	3	4	5
喜ばしい	再び	異なる	転がり	述べる

(九) 誤字訂正 (10)

	1	2	3	4	5
誤	在	旨	量	余	要
正	財	視	領	予	様

11	12	13	14	15	16	17	18	19	20
似	厳	紅	潮	仮	初	燃	垂	座	梅雨

予想模擬テスト 7

標準解答

26ページ〜29ページ

(一) 読み (30)

1	2	3	4	5	6	7	8	9	10	11	12	13	14	15
ごかく	しゃくめい	とほう	せっしょく	はくじゃく	とろ	たんねん	しゅうれい	ぼうとう	しっとう	ひかくてき	へいぼん	くのう	さんぱつ	ごうかい

(二) 同音・同訓異字 (30)

1	2	3	4	5	6	7	8	9	10	11	12	13	14	15
ウ	ア	オ	イ	オ	エ	ウ	イ	オ	イ	ウ	ア	オ	エ	イ

(四) 熟語の構成 (20)

1	2	3	4	5	6	7	8	9	10
イ	ウ	ウ	イ	ア	エ	ア	ウ	イ	オ

(六) 対義語・類義語 (20)

1	2	3	4	5	6	7	8	9	10
測	起	参	暑	冷	覚	備	序	由	第

(八) 四字熟語 (20)

1	2	3	4	5	6	7	8	9	10
鳥	夫	災	苦	支	私	飲	鳴	今	統

(十) 書き取り (40)

1	2	3	4	5	6	7	8	9	10
温暖	夢中	針路	過失	貯蔵	確認	沿線	節減	豊富	高層

16	17	18	19	20	21	22	23	24	25	26	27	28	29	30
じゅうい	ばくしょう	ひろう	ごうほう	せんす	おそ	あざ	くわ	おおさわ	さ	から	めぐ	あやま	そ	わこうど

(三) 漢字識別 (10)

1	2	3	4	5
コ	オ	ア	ウ	カ

(五) 部首 (10)

1	2	3	4	5	6	7	8	9	10
ア（たけかんむり）	イ（みみ）	エ（ちから）	ウ（うま）	イ（あめかんむり）	ア（りっとう）	イ（のごめ）	エ（いと）	イ（かいへん）	ウ（やまいだれ）

(七) 漢字と送りがな (10)

1	2	3	4	5
垂らす	欠ける	除い	探る	明くる

(九) 誤字訂正 (10)

	1	2	3	4	5
誤	最	体	映	労	異
正	再	態	影	老	移

11	12	13	14	15	16	17	18	19	20
連	補	難	片言	株	支	傷口	筋	刻	日和

予想模擬テスト ❽

標準解答

30ページ～33ページ

(一) 読み (30)

1	2	3	4	5	6	7	8	9	10	11	12	13	14	15
ちんちょう	さんまん	しゆう	しゅうしん	きんりん	とうなん	どんつう	いんきょ	ふうぞく	ふちん	しょうさん	ようえき	とうひ	かみん	しょはん

(二) 同音・同訓異字 (30)

1	2	3	4	5	6	7	8	9	10	11	12	13	14	15
エ	ア	ウ	イ	オ	ア	イ	ア	ウ	イ	オ	エ	エ	ア	オ

(四) 熟語の構成 (20)

1	2	3	4	5	6	7	8	9	10
ア	エ	イ	エ	イ	ア	ウ	オ	ア	オ

(六) 対義語・類義語 (20)

1	2	3	4	5	6	7	8	9	10
給	圧	易	散	雑	測	応	他	量	可

(八) 四字熟語 (20)

1	2	3	4	5	6	7	8	9	10
負	暗	志	道	望	転	根	節	終	優

(十) 書き取り (40)

1	2	3	4	5	6	7	8	9	10
賛同	敬称	支持	迷信	明朗	除幕	待機	破片	臨時	厳禁

16	17	18	19	20	21	22	23	24	25	26	27	28	29	30
せんざい	こんれい	きょうさく	どうせい	ふんえん	こわ	かんが	おおやけ	しずく	か	ふ	つか	と	く	ゆくえ

(三) 漢字識別 (10)

1	2	3	4	5
エ	キ	ア	ケ	カ

(五) 部首 (10)

1	2	3	4	5	6	7	8	9	10
イ（あしへん）	ア（くるまへん）	エ（まいあし）	ウ（みる）	ア（にんべん）	ウ（とめる）	イ（そうにょう）	ア（だい）	ウ（のぶん・ぼくづくり）	イ（あなかんむり）

(七) 漢字と送りがな (10)

1	2	3	4	5
交わり	預ける	険しい	肥やす	基づい

(九) 誤字訂正 (10)

	1	2	3	4	5
誤	協	認	縁	再	帰
正	供	任	沿	切	返

11	12	13	14	15	16	17	18	19	20
救	説	洗	誠	放	並	割	占	黄金	若人

予想模擬テスト⑨

標準解答

34ページ～37ページ

(一) 読み (30)

1	2	3	4	5	6	7	8	9	10	11	12	13	14	15
けいぞく	ひってき	じゅれい	さいげつ	とくちょう	のうたん	えいい	せいぎょ	ゆうれつ	ふうし	たいしん	いせき	ひしょ	どんてん	とうし

(二) 同音・同訓異字 (30)

1	2	3	4	5	6	7	8	9	10	11	12	13	14	15
オ	ウ	ア	ウ	イ	エ	オ	イ	ウ	イ	ア	ウ	ウ	ア	オ

(四) 熟語の構成 (20)

1	2	3	4	5	6	7	8	9	10
イ	エ	ア	エ	オ	オ	ウ	ア	ウ	ウ

(六) 対義語・類義語 (20)

1	2	3	4	5	6	7	8	9	10
豊	密	断	革	末	服	度	共	真	尊

(八) 四字熟語 (20)

1	2	3	4	5	6	7	8	9	10
均	非	談	利	方	味	棒	好	難	青

(十) 書き取り (40)

1	2	3	4	5	6	7	8	9	10
対象	異動	放映	配布	縦断	財産	提供	羽化	担当	景観

30	29	28	27	26	25	24	23	22	21	20	19	18	17	16
つゆ	かろ	いた	めぐ	うすぎ	つ	くさ	むく	すす	えもの	かいほう	かんるい	しゅ	いっしゅん	いぎ

(三) 漢字識別 (10)

5	4	3	2	1
オ	ク	エ	イ	キ

(五) 部首 (10)

10	9	8	7	6	5	4	3	2	1
ア（りっとう）	エ（るまた・ほこづくり）	イ（た・ゆうべ）	ウ（あくび・かける）	イ（かばね・しかばね）	ウ（おいがしら・おいかんむり）	ウ（くるま）	イ（のぎへん）	エ（さら）	ウ（とだれ・とかんむり）

(七) 漢字と送りがな (10)

5	4	3	2	1
暴れる	安らかな	固める	耕し	勝る

(九) 誤字訂正 (10)

5	4	3	2	1	
優	供	戦	参	益	誤
遊	興	選	賛	易	正

20	19	18	17	16	15	14	13	12	11
海原	我先	罪	志	巻	防	縮	疑	省	裏目

予想模擬テスト⑩

標準解答

38ページ～41ページ

(一) 読み (30)

1	2	3	4	5	6	7	8	9	10	11	12	13	14	15
たいきけん	げんかん	みゃくらく	けんにん	じゅんかい	いんえい	ぜっきょう	ふきゅう	とうかい	えんこ	ちえん	こんきょ	むじんぞう	しょばつ	きょうふ

(二) 同音・同訓異字 (30)

1	2	3	4	5	6	7	8	9	10	11	12	13	14	15
イ	オ	エ	ウ	ア	オ	オ	ウ	エ	ア	ウ	オ	イ	ア	ウ

(四) 熟語の構成 (20)

1	2	3	4	5	6	7	8	9	10
オ	ア	ウ	ア	イ	エ	ア	ウ	イ	エ

(六) 対義語・類義語 (20)

1	2	3	4	5	6	7	8	9	10
調	許	理	細	疑	追	悪	指	簡	続

(八) 四字熟語 (20)

1	2	3	4	5	6	7	8	9	10
寸	命	誇	行	未	差	心	単	策	給

(十) 書き取り (40)

1	2	3	4	5	6	7	8	9	10
興行	熟練	派生	要望	候補	順延	消火器	整地	推進	歌詞

16	17	18	19	20	21	22	23	24	25	26	27	28	29	30
せいふく	じゅよう	いっち	けいい	はいしゅつ	ふ	つつみ	わざ	せたけ	とこ	しらが	おく	ふく	おど	しぐれ

(三) 漢字識別 (10)

1	2	3	4	5
ク	エ	オ	キ	イ

(五) 部首 (10)

1	2	3	4	5	6	7	8	9	10
イ(みる)	エ(おつ・つりばり)	ウ(れいづくり)	イ(いしへん)	ア(にくづき)	ウ(て)	ウ(はば)	エ(さら)	ア(とめる)	イ(そうにょう)

(七) 漢字と送りがな (10)

1	2	3	4	5
訪れる	敬う	厚く	逆らっ	清らかな

(九) 誤字訂正 (10)

	1	2	3	4	5
誤	訳	回	習	偉	写
正	約	改	修	遺	映

11	12	13	14	15	16	17	18	19	20
加	浴	幹	便	図	拝	習	梅干	門出	紅葉

予想模擬テスト ⑪

標準解答

42ページ～45ページ

(一) 読み (30)

1	2	3	4	5	6	7	8	9	10	11	12	13	14	15
しゅくはい	じょうぶ	かんこく	しゅび	ついきゅう	のうしゅく	ふじょう	しゅくぼう	ゆうが	てきしゅつ	でんどう	よとう	ねっきょう	ぶよう	てんぷ

(二) 同音・同訓異字 (30)

1	2	3	4	5	6	7	8	9	10	11	12	13	14	15
オ	ウ	イ	オ	ア	エ	ウ	オ	エ	エ	イ	オ	ア	エ	イ

(四) 熟語の構成 (20)

1	2	3	4	5	6	7	8	9	10
イ	ウ	ウ	エ	エ	オ	ア	ウ	イ	エ

(六) 対義語・類義語 (20)

1	2	3	4	5	6	7	8	9	10
拡	敵	孫	制	宅	永	賃	将	術	護

(八) 四字熟語 (20)

1	2	3	4	5	6	7	8	9	10
絶	飛	清	耳	論	義	松	才	奮	異

(十) 書き取り (40)

1	2	3	4	5	6	7	8	9	10
測量	宣伝	開閉	考察	最適	収益	勝負	容易	腹案	工夫

16	17	18	19	20	21	22	23	24	25	26	27	28	29	30
きゅうれき	きねん	しんせん	かせんしき（かせんじき）	しゅっか	こ	のきさき	きたな	にご	かざ	うった	なまりいろ	かか	たくわ	さつきば

（三）漢字識別 （10）

1	2	3	4	5
カ	ケ	ウ	キ	オ

（五）部首 （10）

1	2	3	4	5	6	7	8	9	10
ウ（こころ）	ア（ひ）	エ（ひへん）	ウ（ぎょうがまえ・ゆきがまえ）	ウ（がんだれ）	エ（つち）	エ（さんづくり）	ア（けものへん）	ウ（いたる）	エ（おうへん・たまへん）

（七）漢字と送りがな （10）

1	2	3	4	5
試みる	供える	新たに	照らし	疑わしい

（九）誤字訂正 （10）

	1	2	3	4	5
誤	補	開	作	営	足
正	保	解	策	衛	速

11	12	13	14	15	16	17	18	19	20
退	導	泉	勤	善	絶	銭金	従	巡	支

予想模擬テスト⑫

標準解答

46ページ～49ページ

(一) 読み (30)

1	2	3	4	5	6	7	8	9	10	11	12	13	14	15
しっぴつ	びび	そうしょく	そくおう	きみょう	しゅわん	はんじょう	いっけん	ようこう	あくりょく	どれい	きばん	かいひん	おだく	ちょうば

(二) 同音・同訓異字 (30)

1	2	3	4	5	6	7	8	9	10	11	12	13	14	15
オ	イ	ウ	エ	ア	イ	イ	ア	ウ	オ	ア	エ	ウ	イ	オ

(四) 熟語の構成 (20)

1	2	3	4	5	6	7	8	9	10
エ	ア	ウ	ア	イ	オ	イ	エ	ウ	エ

(六) 対義語・類義語 (20)

1	2	3	4	5	6	7	8	9	10
容	優	増	防	暖	健	格	飛	皮	親

(八) 四字熟語 (20)

1	2	3	4	5	6	7	8	9	10
晩	覚	耕	想	志	鋭	臨	異	事	望

(十) 書き取り (40)

1	2	3	4	5	6	7	8	9	10
規律	優勢	録画	頭脳	警笛	誤作動	祝賀	聖火	衛星	皇太子

16	17	18	19	20	21	22	23	24	25	26	27	28	29	30
げいごう	きはん	はもん	きょうたん	とうとつ	てがら	なみだ	はし	ぬま	とうげ	もも	むすめ	てさぐ	い	やまと

(三) 漢字識別 (10)

1	2	3	4	5
オ	カ	キ	ウ	コ

(五) 部首 (10)

1	2	3	4	5	6	7	8	9	10
エ(あくび・かける)	ア(ひ)	イ(くち)	ア(くさかんむり)	ア(ひらび・いわく)	エ(めへん)	エ(つちへん)	イ(ほこづくり・ほこがまえ)	ウ(かばねへん・いちたへん・がつへん)	ア(こざとへん)

(七) 漢字と送りがな (10)

1	2	3	4	5
厳しく	構える	激しい	危ぶむ	養う

(九) 誤字訂正 (10)

	1	2	3	4	5
誤	善	拠	対	前	頼
正	全	挙	待	然	便

11	12	13	14	15	16	17	18	19	20
境内	群	照	転	夕焼	片仮名	折	後	部屋	昨日

予想模擬テスト⑬

標準解答 50ページ～53ページ

(一) 読み (30)

1	2	3	4	5	6	7	8	9	10	11	12	13	14	15
たさい	ろうきゅう	しぼう	だつぼう	やくしん	きゃくしょく	いちよく	はもん	しんがい	せいじゃく	ちくせき	けんとう	ぶっそう	はへん	ぼうかん

(二) 同音・同訓異字 (30)

1	2	3	4	5	6	7	8	9	10	11	12	13	14	15
ウ	エ	イ	ウ	ア	オ	オ	ウ	イ	イ	エ	オ	イ	エ	オ

(四) 熟語の構成 (20)

1	2	3	4	5	6	7	8	9	10
ア	オ	エ	イ	ウ	エ	ア	ア	イ	エ

(六) 対義語・類義語 (20)

1	2	3	4	5	6	7	8	9	10
熱	暴	備	派	務	盛	興	視	綿	想

(八) 四字熟語 (20)

1	2	3	4	5	6	7	8	9	10
言	辞	博	夢	歴	句	絶	題	歩	秋

(十) 書き取り (40)

1	2	3	4	5	6	7	8	9	10
公私	利発	遺産	誕生	視野	度胸	尊重	負傷	貿易	印鑑

16	17	18	19	20	21	22	23	24	25	26	27	28	29	30
もうれつ	けいこう	べんぜつ	そくおう	れいぞく	はな	さわ	たず	みね	おもむき	たて	えが	の	いまし	なごり

(三) 漢字識別 (10)

1	2	3	4	5
コ	イ	ク	オ	カ

(五) 部首 (10)

1	2	3	4	5	6	7	8	9	10
ア（あめかんむり）	ア（にくづき）	エ（ごんべん）	イ（さら）	ア（だい）	ア（さんずい）	イ（おと）	ア（くさかんむり）	ウ（りっとう）	エ（ほこ）

(七) 漢字と送りがな (10)

1	2	3	4	5
帯びる	果てる	細かく	静まり	従っ

(九) 誤字訂正 (10)

	1	2	3	4	5
誤	構	堅	跡	移	添
正	興	健	績	異	沿

11	12	13	14	15	16	17	18	19	20
旗	束	桜	恩返	乳	粉	拾	設	寄	田舎

予想模擬テスト 14

標準解答

54ページ～57ページ

(一) 読み (30)

1	2	3	4	5	6	7	8	9	10	11	12	13	14	15
いよう	きょひ	いっしゅん	ざっとう	かんそう	しんたん	てんぽ	どうい	さきゅう	けいかい	もくにん	らいう	せんこう	おめい	おういん

(二) 同音・同訓異字 (30)

1	2	3	4	5	6	7	8	9	10	11	12	13	14	15
イ	ア	エ	イ	オ	エ	ウ	ア	オ	ウ	ア	オ	ウ	イ	エ

(四) 熟語の構成 (20)

1	2	3	4	5	6	7	8	9	10
ア	ウ	ウ	エ	エ	ウ	エ	ア	オ	エ

(六) 対義語・類義語 (20)

1	2	3	4	5	6	7	8	9	10
閉	借	直	追	応	質	改	努	勢	胸

(八) 四字熟語 (20)

1	2	3	4	5	6	7	8	9	10
乱	疑	混	頭	材	高	転	専	腹	解

(十) 書き取り (40)

1	2	3	4	5	6	7	8	9	10
団結	故障	俳句	座席	週刊誌	胸囲	処理	日程	準備	組織

16	17	18	19	20	21	22	23	24	25	26	27	28	29	30
ぜひ	ひれん	こんわく	しんろう	ふよ	え	なな	ねむ	かえり	にぶ	さぐ	いねか	なげ	すじちが	いくじ

(三) 漢字識別 (10)

1	2	3	4	5
コ	ウ	ケ	キ	ア

(五) 部首 (10)

1	2	3	4	5	6	7	8	9	10
エ（つち）	エ（れんが・れっか）	ウ（かいへん）	ア（あみがしら・あみめ・よこめ）	ウ（あなかんむり）	ア（けものへん）	ウ（かばね・しかばね）	エ（げん）	イ（のぎ）	イ（ぎょうにんべん）

(七) 漢字と送りがな (10)

1	2	3	4	5
栄える	久しく	難しい	刻む	冷める

(九) 誤字訂正 (10)

	1	2	3	4	5
誤	協	般	仕	角	個
正	共	判	始	門	己

11	12	13	14	15	16	17	18	19	20
幼	断	沿	盛	机	困	公	目頭	背	名残

予想模擬テスト 15

標準解答

58ページ～61ページ

(一) 読み (30)

1	2	3	4	5	6	7	8	9	10	11	12	13	14	15
えいきょう	かんみ	きょり	たいこう	こぶ	げんこう	じゅうじゅん	しゅうれい	ぎょうてん	きばつ	えっとう	がんゆう	こくそ	げきど	まんしん

(二) 同音・同訓異字 (30)

1	2	3	4	5	6	7	8	9	10	11	12	13	14	15
ア	エ	オ	エ	イ	ウ	ウ	イ	ア	イ	エ	オ	エ	ア	ウ

(四) 熟語の構成 (20)

1	2	3	4	5	6	7	8	9	10
ウ	オ	エ	ア	イ	エ	ウ	イ	ウ	ウ

(六) 対義語・類義語 (20)

1	2	3	4	5	6	7	8	9	10
消	応	着	解	絶	独	然	覚	常	服

(八) 四字熟語 (20)

1	2	3	4	5	6	7	8	9	10
破	直	旧	存	挙	断	曲	利	報	率

(十) 書き取り (40)

1	2	3	4	5	6	7	8	9	10
憲法	同盟	頂点	脳裏	無欲	経由	改革	液体	冊子	統計

30	29	28	27	26	25	24	23	22	21	20	19	18	17	16
じゃり	もめん	おす	せま	こし	ふる	おそ	か	さ	とのさま	ふぶき	きしん（きじん）	ぎょもう	とうぼう	びょうし

（三）漢字識別 (10)

5	4	3	2	1
ケ	キ	ア	オ	エ

（五）部首 (10)

10	9	8	7	6	5	4	3	2	1
イ（のぎへん）	エ（こころ）	イ（かねへん）	ア（の・はらいぼう）	エ（すん）	ア（き）	ウ（め）	エ（だいのまげあし）	エ（すん）	ウ（かん・あまい）

（七）漢字と送りがな (10)

5	4	3	2	1
借りる	退け	謝る	親しい	補う

（九）誤字訂正 (10)

5	4	3	2	1	
差	贈	副	覚	納	誤
査	蔵	復	確	能	正

20	19	18	17	16	15	14	13	12	11
眼鏡	土産	営	保	編	解	支	快	胃	卵